KB091925

천부경

기본 한 생각

저자 박정순

-지은이 소개-

박정순에 대하여

나는 58 개띠 가정주부다.

이렇다 할 뛰어남도 우수함도 없고
민족과 인류를 위해 한 일도 없다.
따라서 내세울 어떠한 화려함도 없다.
줄곧 어떤 일련의 생각들을 하고 살았다.

홀연히 한 스승님이 나타나시어 그렇게 살면 안 된다 하신다.
잠시 혼란스러웠지만 내 생각이 맞을 수도 있다는 확신과 바르게
살고자 노력하면 자연은 나를 감싸 안을 것이라는 믿음이 생겼다.
그래서 안에서만 머물고자 했던 생각의 방향을 바꿨다.

나의 생각들은 내가 알고 있는 지식을 기반으로 한 것이다.
거기에 잘못이 없을 수 없다.
가르쳐 주면 기꺼이 고치겠다.

이제 나를 드러내고 세상 속으로 길을 떠나려 한다.
생각이 곧 나다.

같이 하시겠습니까?

천부경

中	本	衍	運	三	三	一	盡	一
天	本	萬	三	大	天	三	本	始
地	心	往	四	三	二	一	天	無
一	本	萬	成	合	三	積	一	始
一	太	來	環	六	地	十	一	一
終	陽	用	五	生	二	鉅	地	析
無	昂	變	七	七	三	無	一	三
終	明	不	一	八	人	匱	二	極
一	人	動	妙	九	二	化	人	無

※ 천부경이란?

환웅이 사람을 널리 이롭게 하기 위해 인간 세상으로 내려와 인간을 가르쳤다.

천부경은 우주 창조과 운행의 이치를 81자로 풀이한 진경(眞經)이다.

목차

머리말

확실한 것에서부터 시작하자. 우리는 모두 부모로부터 태어나 '인간'이라 불리며 하나의 개체로 살아간다. 이를 '인생'이라 한다. 이걸 부정하는 사람은 없으리라 본다. 인생이 즐겁기만 한 사람은 없다. 그렇다고 꼭 괴롭기만 한 것도 아니다. 이래저래 산다. 참 용하게도 살아간다.

각자 어떻게 살아가든, 우리는 다음 세 가지 문제를 가슴속에 품을 수 있다.

1. 나는 무엇인가?

누군가는 "나는 누구인가?"라고 물을 수도 있다. 그러나 '누구'란 사람을 가리키는 대명사다. 나란 사람이 어떤 사람으로 정의된다면, 이것은 본질에 대한 답이 아니라 결국 '어떻게 살고 싶다'라는 염원을 구체화하는 것이다. 예를 들어 "나는 자연인이다."라고 답을 한다면, 그 '자연인'이란 말이 나의 본질을 충분히 설명해 주고 있으며 그것이 나의 실체가 될 수 있는가 하는 것이다. 결코 아니다. 그래서 나는 나의 본질, 실체를 추구하기 위해서는 '누구'라는 말보다는 '무엇'이라는 말이 더 적합하다고 생각한다.

2. 왜 사는 걸까?

태어난 이상, 우리는 꼭 그렇게 살아갈 것을 강요받는다. '강요'라는 말이 꼭 적당한 표현은 아니나, 태어날 때 기본적인 모든 것이 거의 결정된다. 내가 왜 이런 환경에서 태어나야 했는지, 왜 나의 부모가 이런 사람이어야 하는지, 왜 남자나 여자여야 했는지…… 이 모든 것은 누가 결정했는지에 대해 속 시원한 답을 듣지 못한 채, 주어진 환경 속에서 살아가야 한다. 인간이란 무리들 속에서 목적을 부여받으며 자신의 뜻보다는 분위기에 휩싸여 잘되면 잘난 척하며 살고, 못되면 열등의식 속에서 살아가야 한다. 그런데 왜 인간은 이렇게 태어나 이렇게 살아가며 결국 이렇게 죽어야 하는 걸까?

3. 어떻게 살 것인가?

'조선'이라는 나라는 '주자학'이란 변형된 유교철학으로 인간 삶을 규범화하려는 대공사를 감행했었다. 어떻게 살 것인가를 하나의 기준으로 국민을 획일화한 것이다. 효과가 있는 듯할 때, 조선은 망했다. 한반도에 여러 나라가 있어 분열과 통일을 반복하였어도, 다른 곳에 사는 다른 나라에게 송두리째 빼앗긴 것은 처음이었다.

우리에겐 아주 오래전부터 '유', '불', '도,'라는 큰 생각의 흐름이 있어 왔다. 물론 각자마다 찾고자 하면 모든 답이 여기에 있을 수 있겠으나 유교에서는 특히 '어떻게 살아야 하는가?'에 중점을 둔 것 같고, 불교는 '나'라는 문제에 중점을 두어 견성의 문제가 부각되는 것 같고, 도교는 언뜻 보면 유교처럼 어떻게 사는 가를 다룬 것 같지만 그 내면을 보면 '왜 사는가?' 하는 문제를 푸는 단서를 제공한다.

많은 사람들이 유교와 불교, 도교를 통해서 위의 문제들을 풀고자 했다. 나의 경우에도 성장하는 데 많은 도움을 받았다. 그러나 기본적인 의문은 속 시원히 풀리지 않았다. 도덕 군자를 표방한 유교, 수행을 통한 깨달음으로 중생을 구제하겠다던 불교, 자연을 통한 자기완성을 추구한 도교. 그 좋은 이념들 속에서도 왜 인간은 행복하지 않는가.

그래서 나는 시작도 알 수 없는 아주 오래전에서부터 우리에게 전해져 내려온 '천부경(天符經)'을 통해서 그 해답을 찾고자 한다.

이것은 주장이 아니라, 단지 나의 생각일 뿐이다. 즉, 나의 생각이 옳다고 주장하지 않겠다는 뜻이다. 옳다는 것은 대다수의 사람이 그렇게 생각하기에 옳은 것이지, 진짜 옳은 것과는 별개의 문제이기 때문이다. 분별하여 선택하는 것은 순전히 개인의 취향이며, 단지 통계적 집계로서 방향이 정해질 뿐이다. 생각은 개인이 누릴 수 있는 행복한 자유다.

내가 인간이니,

인간에서 시작한다.

이 인간이 하나다.

이 하나는 없던 것에서 뚝 떨어진 새로운,

창조적인 처음으로서의 하나가 아니라,

여기에서 처음을 시작한다는

기준으로서의 하나이며

인식의 시작으로서의

하나이다.

천부경
기본 한 생각

1. 나는 무엇인가?

우리는 흔히 나를 '나'라 한다. 이는 남을 전제로 했을 때 남과 구별하기 위해 붙인 말이다. 나의 밖에 뭔가가 없다면, 나는 '나'라 불릴 이유가 전혀 없다. 나의 밖에 다른 것이 있기에 그것과 구별되는 하나의 개체로서 '나'라 부를 수 있으며, 하나의 독립된 존재로서 인정을 받는다.

하여 나란 '하나로 인식되어지는 동일체'라 정의해도 무방할 것 같다. 하나로 인식되어지지 않는 동일체는 남이 인식할 수 있는 존재가 될 수 없기 때문이다. 나라고 부를 수 있는 우리는 분명 지금 비록 한정된 기간이지만 지속하는 한 사람으로 서로를 인식하며 살아간다. 나라는 존재 인식의 근거는 '남'이며 '밖'이라 할 수 있다.

그러나 나의 내부를 들여다보자. 나 밖에서 보는 나는 하나로 인식되는 동일체이지만, 나 안의 나는 결코 하나로 인식되는 동일체가 아니다.

수많은 것들의 갈등을 수없이 느껴 봤을 것이다. '순수한 단일체'라고 하기에는 너무 많은 다른 소리들이 있다. 갈등을 느낀다는 것은 하나가 아니라는 뜻이다. 그래서 나는, 내가 수많은 것들의 집합체이며 조직체라는 결론을 감히 내려 본다.

그 많은 것은 '하늘天·땅地·사람人'의 세 가지 요소로 분류할 수 있다. 즉, 나는 天·地·人 세 요소로 구성된 조직체이며, 통합되어 나 밖에서는 남에 의해 하나의 동일체로 인식되는 것이다. 나는 나 자신을 스스로 인식할 수 없다. 내 모든 감각 기관이 외부를 향해 있기 때문에 나를 알기 위해 밖을 알아야 한다. 우리가 서로 의존적으로 살아가는 이유다.

내 안도 마찬가지다. 하나가 왜 세 요소로 분리되어야 하는가는 자신을 알기 위해 서로에게 거울이 되어 주기 위해서다. 하나로는 알 수도, 할 수도 없고, 둘은 평형이며 대립이며 정체이고, 셋은 확신이며 움직임이며 변화다.

천부경
기본 한 생각

(1) 하늘天

하늘은 무엇인지 모른다. 하늘은 우리가 모르는 것이다. 하늘은 지금 우리에겐 알 수 있는 것이 아니다. 하늘은 인간의 감각 세계에 확실하고 뚜렷하게 드러나는 어떤 것이 아니기에 구별할 수 없고, 그래서 알 수도 없고, 그러기에 뭐라 말할 수도 없다.

다만, 있음을 안다. 인간에게 지각되지 않기에, 어떤 방식으로 존재하며 어떤 질서 속에 어떻게 활동하는지 등 우리가 알고 싶은 어떤 것도 확실히 알 수 없다. 단지 생각하여 추론하여 드러낼 뿐이다. 우리 인간에게 '세상' 이나 '우주'는 아는 것보다 모르는 것이 더 많고, 지각할 수 있는 것보다 지각할 수 없는 것이 더 많다. 그렇다고 해서 하늘이 존재하지 않는 것이 아니라는 사실을 우리는 거의 안다.

그 모르는 세계가 항상 우리와 같이 있다. 실로 어마어마한 영향력을 행사하면서 말이다. 힘이란 실체가 있는가? 실체

없는 힘이 항상 우리를 에워싸며 우리의 방향을 유도한다.

보편적 하늘은 우리가 알든 모르든 스스로 존재하는 모든 전체로서 '세계'라 볼 수 있다. 그러나 우리가 접근할 수 있는 하늘은 우리에게 주어진 지각의 한계로, 부분적일 수밖에 없다.

하늘은 있는지 없는지조차도 모르는 진짜 아주 깜깜하게 모르는 본연의 하늘과, 알 수는 있는데 아직 모르는 하늘과, 알고는 있지만 확실하지 않는 땅에 상응하는 하늘로 우리에게 항상 그렇게 있다.

그 하늘은 우리가 도달해야 하는, 도달하고 싶은 목표일 수도 있고, 이념일 수도 있으며, 우리가 만들고 싶은 이상향일 수도 있다. 하늘은 우리 인생의 설계자일 수도 있고, 하늘은 우리 인생의 스승일 수도 있다.

하늘은 무엇이든 될 수 있는 통째다.

우리 인간은 어떤 하늘을 언어화·형상화했다. 표현된 하늘은 더 이상 본연의 하늘이 아니며, 드러난 하늘이며 땅이다.

(2) 땅地

땅은 구체적이며, 구별할 수 있고, 따라서 알 수 있다. 땅은 드러난 하늘이다. 땅은 앎識의 대상이며, 인식의 틀이며, 앎의 한계이며, 알아 온 앎의 역사 저장소다.

땅은 그만큼의 하늘을 품고 있지만 더 큰 하늘을 가리킨다. 땅은 그만큼의 하늘을 알고 실현하기 위한 환경이며, 인간은 주어진 한정된 땅을 통하여 부분적 하늘을 구성하며 더 큰 하늘을 꿈꾼다.

인간은 앎으로써 주어진 땅을 새로운 땅으로 변화시키며 새로운 하늘을 열 수 있는 것이다. 이는 완성이 아니며, 또 다른 부분이다.

또 땅은 나를 하나로 인식하게 만드는 핵심적 요소이다. 땅을 근거로 하늘과 사람이 하나로 인식되기 때문이다. 따라서 땅이 없다면, 그 어느 것도 하나로 인식될 수 없다. 그것을 하나로 인식하는 것은 人이다.

(3) 사람人

사람은 識이다. 여기서 사람은 구체적인 인간을 뜻하는 것이 아니라 인간을 구성하는 데 있어서 識적 요소를 사람 人이라 부른다.

識은 분별하여 판단하고 아는 것인데, 그것이 어떻게 존재방식이 되는가는 이렇게 존재하고 있음에도 불구하고 실감하지 못한다.

존재 방식은 天과 비슷하지만, 하늘은 드러나지 않고 人은 인식작용을 통해 드러난다. 공간을 차지하지 않는 존재, 비입자적 존재, 그러기에 어디에서나 존재할 수 있는 그런 방식의 존재다. 즉, 앎이 구조화된 조직체를 가질 때 人이라는 존재 방식이 되는 것이다.

인간은 땅적인 형상화된 존재 방식에 익숙하여 人이나 天적인 존재 방식에 대해 아는 것이 부족하다. 인정하나 안 하나 그렇게 존재하는 존재가 있다. 이제 형상 없이 존재하는 것들에 대해서도 많은 생각을 해야 하지 않을까. 流體(유체) 적으로 존재하는 것에 무지할 수밖에 없는 것이 인간 인식의 한계이며, 이를 극복하기 위해선 땅적 요소의 대변환이 필요 하다.

　나를 보자. 나는 몸을 가지고 있다. 물론 이 몸이 땅의 요소다. 몸은 구체적이다. 인간의 인식 체계 안에 있다. 그럼 보는 주체는 무엇인가? 그것이 사람人의 요소다.

　이 人적 요소가 몸이란 地적 요소를 통해 세상을 보고 느끼고 분별한다. 세상은 나 밖에만 있는 것이 아니라 내 안에도 있다. 人은 분별하고, 그 분별을 통해 앎을 추구하며 살아가는 존재다.

　세 요소는 각각의 존재 방식과 살아가는 방법이 다르나, '앎'이라고 하는 궁극의 목표로 통합된다 할 것이다.

　각 요소는 성장한다. 각 요소는 부분이므로 항상 전체를 향해 완성을 향해 자신을 확대시키고자 한다.

　한 요소는 다른 요소의 영향을 받아 자신의 요소 내부에 다른 요소 부분을 만들어 소통한다. 그래서 각 요소는 다시 세 요소를 갖추어 상대에게 하나로서 인식되며, 서로에게 환경이 되어 주며 영향을 주고받으며 서로 성장한다.

즉, 天의 요소 안에 地와 人적인 요소가 생기고, 地의 요소에는 天과 人적인 요소, 人의 요소에는 天과 地의 요소가 생겨 다시 '3'이 되는 것이다. 작은 '3'은 요소 안의 작은 분류에 속하므로 속해 있는 요소의 한계를 벗어나지 못한다. 기존의 세 요소와는 역량적인 면에서 차이가 있는 것이다.

天요소 안의 地는 波動(파동)이며, 人은 神(신)이라 할 수 있다.

地요소 안의 天은 神이며, 人은 氣(기)이다.

人요소 안의 天은 영감·느낌[情]·욕망이며, 地는 언어·기억·지식이다.

먼저 天이 성장한다. 큰 天이 여섯 개 하부 조직 地와 人을 이끌고 힘을 키운다. 성장하면서 다른 큰 地와 人도 같이 크기는 하지만 기초를 다지는 정도다. 큰 天이 성장할 만큼 성장하면 이제 큰 地의 주도 아래 성장한다. 성장한 만큼 다른 요소들도 하부 구조의 소통을 통해 같이 성장한다.

큰 地가 다시 성장할 만큼 성장하면, 이젠 人의 차례다. 앎을 위한 기초가 완성되었으므로 성장이 축적된 天地의 토대로 앎을 완성해 나가는 것이다. 이렇게 人도 성장할 만큼 성장하면, 새로운 天地人을 위한 변화가 필요하다.

나머지는 새로운 하늘을 만들어 내는 변화, 혼돈이며 무지이다. 어떤 하늘을 만드는가에 따라 그에 상응하는 땅이 만들어지며, 새로운 앎의 추구가 일어나는 것이다.

하나로 인식되는 모든 것들은 天·地·人의 세 요소로 구성된다 할 것이다.

그 하나의 안에는 또 다른 하나, 그 안에 또 다른 하나, 이렇게 무수히 많은 작은 하나, 즉 '나'가 있으며 작은 '나'들의 통합체인 '나'는 다시 좀 더 큰 '나'로 통합되며 무한히 '나'를 확대시켜 나가는 것이다.

인간을 보자. 중간을 생략하고 작은 단위를 보자. 우리 몸 세포의 수, 그 세포들은 또 다른 작은 입자로 구성되어 있다. 어마어마하지 않은가. 그들이 단지 물질에 불과하다고 말하지 말라. 그들도 그들만의 天地人 통합체이다.

　인간은 부모에게서 태어나므로 태어나면 가족의 일원이 된다. 가족은 또 다른 나다.

　나는 나 밖이 있으므로 존재한다 했다. 그런데 가족 안에서는 '하나'라는 인식이 없다. 가족 밖에서 봤을 때, 다른 가족과 비교하여 '우리는 한 가족'이라는 인식이 드는 것이다. 가족은 확대된 나다. 이렇게 사회, 국가로 나를 확대시켜 나가는 것이다.

　나 밖은 天地人 전체가 보이는 것이 아니라 부분적이다. 그것은 내가 인식하는 세상이기 때문에 인식의 한계로 부분일 수밖에 없다.

　나 자신도 그 부분을 이루는 더 작은 부분, 원소 같은 존재라 할 수 있다. 우리는 인간이기 때문에 人적 요소에 해당된다. 만약 기준을 나무에서 시작했다면, 아마 地적인 요소로 세상에 참여하게 되었을 것이다.

　우리는 우리에게 펼쳐진 세상을 통해 내안의 天地人 전체를 파악하게 되는 것이다. 마치 압축된 全圖(전도)를 안에 품고 확대된 부분 지도를, 즉 소축척지도를 가지고 대축적지도를 돌려 보며 비밀을 풀어 간다고 볼 수 있다. 밖에서 地는 다섯 가지로 펼쳐지며 天은 일곱 가지로 드러난다.

人은 펼쳐진 地를 통해 天을 느끼며 나를 확대시키고 또한 앎을 확대해 나가는 것이다.

나의 안과 밖은 하나의 묶음이다. 나의 안은 전체나 볼 수 없고, 나의 밖은 부분이나 볼 수 있다. 서로의 상호 작용을 통해 그 안에 숨겨진 비밀을 풀어내야 하는 것이다. 안과 밖이 하나로 풀어질 때 하나의 완성이 이루어지며, 또 다른 하나를 시작할 수 있는 것이다.

天地人의 통합체는 우리 주변에 가득 차 있다.

어떤 것이 뭔가에 구별되어 드러났다. '이게 뭘까?'라는 생각이 든다. '아! 그것이구나.' 어떤 것이 드러났으므로 이는 地적 요소다. 그럼 어디에서 드러났는지를 모르기 때문에 그 '어디'는 天의 요소다. '뭘까?' 하는 생각은 인식 작용으로, 人의 요소다. "그 생각은 어디에서 왔나?" 하고 물으면, 모른다. 그럼 天에서 왔다는 것이다. '그것이구나.'의 '그것'은 앎으로 밝혀진 뜻, 天이다. 人은 그것을 계속 구별하고 싶어 기호를 붙여 표시한다.

그것이 기억이 되고, 기억이 쌓여 지식이 되고 체계화되며, 비로소 학문이 된다. 그 학문은 세계를 보는 창이 되며, 그 창은 다시 학문이 되어 돌아온다. 그럼으로 해서 우리는 天을 점점 알아 가는 것이다.

天地人은 구별되어 말하지만, 결국 天의 상태 변화가 아니겠는가. 天은 하나이지만, 무엇이든 될 수 있는 하나이다. 그렇다면 天이 '나'인가? 天은 가장 큰 '나'일 수 있다.

인간은 인적 요소다. 그래서 인간이다. 인간의 역사는 앎의 역사이며, 인간의 몸은 앎의 집약체이다. 새로이 알게 된 지식으로 몸을 탐구함으로써 우리의 앎을 재구성하고, 그것은 세상을 보는 새로운 눈을 제시할 것이며, 몸은 다시 그것을 기억하여 저장하며 그다음을 기약할 것이다.

우리는 감각 기관의 확대로 거시적 세계와 미시적 세계를 관찰할 수 있게 되었다. 인간의 위치를 보라. 그렇게 낮지도 않지만, 그렇게 높은 위치는 아니다. 그것이 우리 앎의 수준이다. 우리보다 더 높고 나은 인식체가 없으리란 법도 없고, 때론 그들이 우리를 돕고 있다는 느낌도 들 때가 있다.

결론적으로 '나'란 天地人 통합체이며, 그 '나'는 무한히 작아질 수도 있고 무한히 커질 수 있는 것이다. 이는 결국 나는 '어디까지를 나로 보느냐' 하는 인식의 문제지, 실체의 문제는 아니라고 본다.

천부경
기본 한 생각

2. 왜 사는 걸까?

여기에는 또 다른 물음이 있다. 무엇이 산다는 것일까? 삶은 죽음을 전제로 한 개념이다. 죽음과 삶의 차이를 인식했기에 생겨난 구별이다.

삶은 드러난 것이므로 地고, 죽음은 天이다. 그 차이를 인식한 것은 人이다. 결국 삶과 죽음은 인식의 차이이고, 삶은 드러난 죽음이며 죽음의 한 존재 방식이라 할 수 있다. 그러면 그 차이는 무엇일까?

그 차이는 구체적인 몸이 있나 없나이다. 그렇다면 몸은 어떻게 왜 생겨난 것일까? 몸이란 아주 유용한 인식의 틀이다. 라디오는 전파를 잡아, 즉 인식하여 청각적으로 표현한다. 반면에 텔레비전은 시각과 청각을 동시에 표현한다.

우리 몸은 어떠한가? 기본적으로 여섯 가지 정보를 받고 표현할 수 있는 구성체이다. 몸은 비록 제한된 범위를 갖지만, 다양한 정보를 주고받고 처리할 수 있는 정보 처리체이다.

이렇듯 어떤 구체적인 몸[體]을 갖는다는 것은 구체적인 기능이 있다는 것이고, 그 기능에 따른 역할이 있을 것이고, 그 역할이 수행되면 어떤 결과가 나타난다는 것이다. 결국 구성체·조직체는 그 기능을 원활히 수행하기 위한 방향으로 짜여질 것이고, 우리 몸도 그런 방향으로 그 오랜 시간 동안 진화와 발전을 거듭하여 오늘에 이른 모든 진화의 결정체인 것이다.

삶은 이 몸을 통하여 세상을 인식하는 것이고, 죽음은 이 몸 없이 세상을 인식하는 것이다. 있고 없고를 생각해 볼 때 모든 자연은 없어지는 쪽으로 작용되는 것을 보면, 있는 것보다는 없는 것이 보편적인 상태인 것 같다.

그럼 어떤 목적을 갖고 이 몸을 의도적으로 만든 것 같은데, 그 이유는 뭘까? 나는 어떤 제한된 환경을 만들기 위한 것 같다는 생각이 든다.

수많은 작은 '나'를 통합하여 다양한 기능을 가진 하나의 구성체를 만들었다는 것은 어떤 목적이 있을 것이라는 뜻이다. 아무런 목적도 없이 이렇게 훌륭한 몸이 유기적으로 조직될 수는 없을 테니까 말이다.

어떤 일을 하느냐에 따라 그 조직의 형태와 규모는 결정된다. 人적 요소인 우리 인간이 우리 앞에 펼쳐진 환경, 즉 地적 요소와 다른 점도 그 조직과 규모에 있다.

地적 요소 안에 그 작동 원리로서 天과 밖을 인식하고 적응하는 人이 있긴 있다. 그러나 규모는 그 地적 요소를 운행하는 정도의 것이다. 즉, 그 조직체를 환경에 적용시켜 유지하고 관리하는 정도의 것이며, 그 내부에 속해 있는 것이다.

우리가 인식하는 天은 독립적이라기보다 地에 종속적이다. 물론 '아래'라는 뜻이 아니라, 독자적으로 인식되지 않고 地를 통해서만 드러나는 일종의 地와 함수 관계인 종속 변수라는 뜻이다.

우리 인간은 각 요소가 몸의 내부 요소로 있는 것이 아니라, 물론 일체형이긴 하지만 독자적으로 존재한다. '독자적으로 존재한다'는 것은 '자신만의 작동 원리와 체계 질서가 있다'는 뜻이다. 회사가 커지면 전문 경영인을 초빙하듯 인간의 人적 요소는 그런 존재다.

몸은 자체적인 작동 원리와 인식 체계를 가지고 자율적으로 운영하는 부분도 있으나, 별도로 객관적인 관리 시스템으로서 人적 요소와 공존하며 소통하여 끊임없이 자신을 발전시켜 어떤 목적에 이바지한다.

우리 인간은 다른 地적 요소들처럼 단순히 환경에 적응하는 것이 아니라 뛰어난 역량으로 유지·관리하는 차원을 넘어 새로움을 창조할 수 있다. 이런 새로움을 창조하는 데는 人적 요소의 역할이 크다.

人적 요소는 몸이 수집한 모든 정보를 비교·분석·분류하며 종합하고 체계화하여, 경우의 수에 대비하고 앎을 축적하여 발전을 도모하며 나아갈 바를 제시한다. 몸이란 地적 요소와 人적 요소의 만남은 앎을 통한 소통과 발전에 있다.

한편에서는 몸이 人적 요소에게 옷과 같은 것으로 생각하여 별로 중히 여기지 않거나 감옥과 같은 것으로 여겨 죄악

시하기도 한다. 허나 그 몸의 근본은 파동으로 天의 요소이며, 몸도 人적 요소도 결국은 天의 요소로서 맡은 역할에 따라 분화·변화한 것일 뿐, 본질은 같다. 이때의 天은 분리된 天이 아니라 통합된 하나로서의 天이다.

人적 요소가 무엇으로 이루어졌는지 확실히 모르나 물질이 아니거나 물질이라 하더라도 아직은 우리가 인식할 수 없는 물질로 이루어졌을 것이다. 고정된 형태가 없는 것은 물과 같고 투명하며 물보다는 구속력이 강한 것으로, 몸 밖에서는 天의 人요소인 神과 부합된다. 몸과 人적 요소는 서로 상생의 관계이며, 소홀히 대할 것이 아니라는 것이다.

'산다는 것'은 '몸이 유지되는 동안'만을 이야기한다. 우리는 몸을 가짐으로써 삶이라는 새로운 경험을 하게 되는 것이다. 그럼 몸을 갖게 된 이유가 곧 우리 삶의 이유, 목적이 된다 해도 무리는 아닐 것이다.

과연 이 모든 것의 목적이 뭘까? 무엇을 위해 天地人이라는 세 체제를 통해 발전을 도모하는 것일까?

지구상에 수많은 인간이 존재한다. 그들이 처한 환경은 비숱한 사람은 있어도, 같은 사람은 한 명도 없다. 이 세상에 존재하는 모든 것도 마찬가지다. 존재하는 모든 것이 각각 다르게 존재하는 것은 그들이 하는 역할이 다르기 때문이다. 이 우주는 어떤 프로젝트(project)를 수행하고 있는 것처럼 보인다. 아주 정교하게 구성되고 작동되는 우주를 보면, 그런 생각이 든다. 이 생각은 人적 요소다. 나란 인간을 대표하는 것은 人적 요소다. 우리에게 일어나는 이 모든 것은 우리가 인식했기 때문에 일어나는 것들이다. 그러기에 수많은 나를 대표하여 나를 결정짓고 표현하고 행동하게 하는 것은 人적 요소 중 人적 요소이다. 생각, 그것이 나를 이끌고 간다.

어떤 것을 구별 지어 인식했다 하더라도, 그것을 알고 이해하는 것은 별개의 문제다. 이것이 우리가 사는 이유가 아닐까?

체험 학습장─우주─는 알고 이해하며 그 앎을 펼치는 장소이다. 체험하는 것처럼 뼈저리게 느끼게 하는 것은 없다고 본다. 어떤 감각을 가진 몸으로 직접 부딪치며 느낀다는 것, 그것이 바로 실감나는 앎일 것이다. 우리가 이런 몸과 더불어 사는 것이 일상이 아닌 특수 상황일 수 있다.

우리가 죽으면 '돌아가셨다'라는 표현을 한다. 이는 이 삶이 일시적이라는 뜻을 내포한다 볼 수도 있고, 원래는 이런 방식이 아니라는 것일 수도 있다.

그럼 원래의 상태를 생각해 보자. 그 원래의 상태에서 그 상태를 유지할 수 없는 무슨 문제가 생겼다고 보면, 그 문제를 해결하기 위한 어떤 장치가 필요할 것이고 그 문제를 해결할 수 있는 팀도 필요할 것이다. 그 장치가 물질로 이루어진 이 우주이며, 우리 人적 요소들이 그 팀이 아닐까.

우리가 살아오면서 부딪치는 모든 문제들이 그 큰 문제의 부분일 수 있겠고, 살아오면서 알게 되는 모든 앎들이 이를 풀 수 있는 실마리를 제공할 수 있을 것이다.

아니면, 지진아들의 특수 교육 장소일 수 있다. 인간들의 행태를 보면 결코 그리 우수하지는 않아 보인다. 이런 의미에서 본다면, 우주는 특수 교구이고 인간들은 그것을 통해 하나하나 단계적으로 배우는 과정일 수 있다.

가르치는 입장에서는 문제 해결의 장이고, 배우는 입장에서는 교육 장소일 것이다. 어쨌든 중요한 것은 무엇이 됐든 경험을 통해 알고 이해한다는 점이다. 따라서 우리 삶의 목적은 '무엇이 되어 잘 먹고 잘 사는 것'이 아니라 '무엇을 느끼고 무엇을 알며 그 느낌, 앎을 어떻게 세상에 회향하는가'에 있다고 볼 것이다.

　이것이 우리가 사는 이유일 수 있는 것이다.

　살면서 부딪치는 많은 문제점들을 해결하기 위한 노력은 혼자보다는 조직하여 통합하고 분업을 통해 해결하는 것이 더욱 효율적이란 것을 알게 되어 기꺼이 조직의 일원이 되고, 그렇게 나를 확대시켜 나가면서 더 많은 조직 원리와 이념, 지식 등이 확대·재생산되면서 우리의 앎은 깊어지고 넓어지게 될 것이다.

　하여 나와 조직이 동시에 발전할 수 있는 구조와 질서를 만들어 내 우리는 점점 성장할 수 있는 것이다. 그리하여 더 이상 성장할 수 없는 단계까지 가면 우리가 시작한 그 하나는 끝이 나고 그다음이 준비되는 것이다.

　태어나면서 갖게 되는 나의 환경은 맞춤형 교육장이다. 마치 그렇게 살도록 강요받는 듯한 인생의 느낌은 바로 이것 때문이 아니었을까.

그 환경은 그것이 좋든지 싫든지 내가 모르는, 하지만 알아야 하는 것들을 가르치기 위한 교육 환경인 것이다. 우리는 잘났니 못났니 혹은 복이 있니 없니 행·불행을 따지며 온갖 분별을 하지만, 그것은 나의 부족함을 채우기 위한 장치일 뿐이다.

중요한 것은 그 속에서 어떤 문제를 발견하고, 무엇을 배우며 그 문제를 해결하기 위해 무엇을 할 것인가 하는 것이지, 그 이상도 그 이하도 아니다. 높니 낮니 차별할 것이 아니라는 뜻이다.

따라서 우리는 우리가 처한 환경을 통해 내가 알아야 할 것들을 알아야 하고 남과 공유함으로써 그 앎의 전체를 구성해야 한다.

그것이 비록 거지나 깡패로서의 삶이며 앎이라 할지라도, 평등하게 중요하다. 체험을 통한 앎에는 차별이 있을 수 없다. 그것 또한 필요하니 펼쳐진 것이 아니겠나. 이 우주 전체 필요하지 않은 것은 하나도 없다. 모두 다 앎의 재료들이다.

앎은 '분별'을 전제로 한다. 차이를 인식하고 규정짓는 것이다. 그리고 선택해야 한다. 어느 길로 가야 할지를 말이다. 즉, 모든 것에는 올바른 길과 그릇된 길이 공존한다.

먼저 그 차이를 인식해야 한다. 어떤 것이 이 차이를 만들었으며 어떤 결과로 이어질지를 파악해서 이해하고, 올바른 길을 선택해야 한다. 그 길만이 행복해 질 수 있기 때문이다.

온 우주의 섭리는 행복을 추구하는 데 있다. 그 행복은 바른 길을 통해서만 이루어진다. 우리의 모든 여정은 앎을 통해서 바른 길을 찾는 것이며, 그것이 밝음이고 궁극적인 행복에 도달하는 길이기도 하다.

나의 안과 밖은 하나의 묶음이라 했다. 우리의 인식이 이 안과 밖을 오가며 앎을 완성시킨다 했다. 나를 대표하는 것은 인식의 주체인 인적 요소이며 그 요소 중의 요소인 생각이 나를 이끈다고도 했다.

이 생각이 天地人을 융합하여 하나로 만든다. 어떤 앎이 완성되면 이젠 地의 도움 없이도, 과정이나 장치 없이도 그냥 알 수 있는, '척하면 아는 단계'인 직관적 앎이 이루어지며, 天地는 하나가 되고 하나의 임무가 완수되는 것이다.

우리는 어떤 시작을 생각하면 직선적 사고를 한다. 두 점의 시작과 끝을 잇는 직선, 두 점은 만날 수 없다. 시작은 원인이며 끝은 결과로, 서로 시간적으로 떨어져 있다.

그러나 원형적 사고를 하면, 시작과 끝은 하나다. 어디에서 시작하든 시작과 끝은 만난다. 그것은 인식의 순서일 뿐, 고정된 처음과 끝은 아니다. 모든 것은 시작한 곳으로 돌아온다. 변화를 가지고 새로운 시작을 위해 돌아온다.

우리는 우리가 알지 못하는 부족한 부분을 채우기 위해 기꺼이 교육장에 들어선다. 태어나는 것이다. 주어진 조건 속에서 태어나 살아간다. 어느 누구도 대신 살아 줄 수 없는 개인의 조건이다. 내 삶은 나만이 그렇게 살아야 할 나만의 것으로 내가 온전히 살아내야 하는 것이다.

내가 왜 이곳에 이런 조건으로 살아갈 수밖에 없는가, 그 속에서 무엇을 찾아내 알아야 하는가. 그것은 온전히 내 몫이며, 내가 살아가는 이유다. 내가 온몸으로 부딪쳐 느끼며 찾아내야 하는 것이다. 쉽게 찾을 것이라면 이런 세팅이 필요했겠는가. 그리고 찾았다면 행해야 한다. 자기 역할을 해야 하는 것이다. 이것을 '깨달음'이라 말해야 하지 않을까.

나의 길을 아는 것.

각자 자기 역할을 충실히 행할 때 이 세상은 바르게 돌아갈 것이고, 우리가 이 세상을 만든 목적이 완수되어 새로운 세상을 다시 시작할 수도 있을 것이다.

　세상은 우리의 약속이다. 우리는 공동체다. 펼쳐진 모든 것은 하나로 통합되어야 한다. 각자가 올곧은 하나의 세상이다. 그 세상답게 살아내야 한다. 내가 살아내지 않으면 세상은 없다.

　쉽지 않은 세상을 기꺼이 살아낼 때, 진정 바름[正]이 무엇인지 알 것이며, 바른 세상을 만들 수 있을 것이다. 바름은 온갖 모순을 극복한 것이야말로 진정한 바름일 것이며, 담금질 없는 바름은 강할 수 없다. 왜 바름이 온갖 시련 속에서 성장할 수밖에 없는가를 이해하게 될 것이다.

　헐겁게 조여진 작은 나사 하나가 온 우주선을 파괴하듯 바르지 않은 나의 행실이 온 세상을 어긋나게 할 수 있다. 사소하게 보이는 나의 행위 하나하나가 온 우주를 구성하는 부분이 되기에, 우리는 책임감을 가져야 한다. 우리가 살아가는 삶이 어떤 삶이 되든지 허투루 살 것이 아닌 것이다.

천부경
기본 한 생각

3. 어떻게 살 것인가?

(1) 국가와 이념

조선은 왜 망했을까. 그 망한 조선이 우리에게 필요한 이유는 '그렇게 하면 망한다'라는 뼈저린 가르침을 주기 위한 것일 것이다.

그중 한 가지 위안과 빛은 바로 세종대왕이다. 그분마저 없었다면 조선의 역사는 '자신을 지워 나가는 역사' 그 자체였을 것이라고 나는 생각한다. 조선이 그분을 만들기 위한 과정으로서 필요했었다면, 우리에게 진정한 지도자상을 보여 주기 위한 실험 무대였다면, 지금 느끼는 이 굴욕감과 수치심을 기꺼이 감내할 수 있다.

조선은 철저히 유교이념을 실현하기 위해 설계된 계획 국가이다. 제도와 법 등 세부적인 면에서 보면 특이하게 새로운 것은 없지만, 참으로 훌륭하다.

그러나 큰 틀에서 보면, 마치 지붕 없는 집과 같다. 아래는 정교하면서 세련되고 아름답기까지 하지만, 그 모든 것을 아우르고 보호해 줄 지붕이 없어 전체가 허망해져 버린 꼴인 것이다.

공자는 춘추 시대 사람이다. 주나라의 장악력이 약해지면서 제후국들이 나름 세력을 키워 周(주)의 권위를 대신하던 시대이다. 세상이 변하고 있는 것이다. 변한다는 것은 지금의 틀로는 한계에 도달했다는 것을 말해 주는 것이다.

주나라는 가족이 확대된 씨족 국가로, 혈연을 기반으로 한 봉건제도와 적장자 중심의 종법 제도가 그 틀로, 엄격한 主從(주종) 관계가 그 핵심이다. 그래서 從된 신분은 主된 신분에 복종해야 하고, 그의 제사에도 반드시 참가해야 하는 등 많은 의무를 지닌다. 그리고 그 신분 관계는 하늘이 주는 것(周가 하늘의 命(명) 받은 자, 즉 천자로서 대행)으로 어느 누구가 함부로 깰 수 없는 것으로 여겨, 어기는 자는 처절한

응징을 받았다.

그러나 함부로 깰 수 없다던 그 관계들이 무너진 것이다. 스스로 힘을 길러 스스로 천자가 될 수 있는 가능성의 흐름이 전개되었다.

그 시대의 최대 화두는 變法(변법)·自强(자강)·富國(부국)이었다. '변법'이란 운용하는 틀을 바꾸겠다는 것이다. 즉, 周나라적 운용 방식에서 벗어나겠다는 뜻이다. 세상은 커졌고 질적으로나 양적으로 확대된 세상을 운용하는 데는 더 이상 혈연을 밑바탕으로 한 단순 양적 확대인 가족 ,나아가 씨족, 그에 따른 운용체계로는 한계에 다다랐다는 뜻이기도 하다.

이는 씨족이 기반이 되지 않는 영토와 구성원, 즉 국민을 기반으로 하는 국가의 탄생을 예고하는 시대의 흐름인 것이고 새로운 통치 체제가 필요한 시점인 것이다.

이에 따라 人才(인재)가 필수가 되었고, 신분이나 소속에 관계없이 능력과 재능에 따른 인재 등용이 절실한 상황이었다. 이에 부응하여 이른바 諸子百家(제자백가)가 탄생했던 것이다.

그런 시대에 공자는 주나라를 만든 주 문공의 문물을 이상향으로 삼아 자기 삶의 이념으로 삼은 과거 회귀적 인간이다. 사회는 발전하므로 그 발전에 맞춰 새로운 이념이 나와야 한다. 그럼에도 불구하고 공자는 구시대적 이념으로 구시대를 유지하려 했다. 그러한 시대착오적 발상이 공자가 거부당한 이유다.

禮(예)란 각각의 사회에서 그 풍습에 맞게 때와 장소에 따라 그에 맞는 처신을 하는 것이 主가 되어야지, 기준을 정하여 강제한다는 것은 어리석은 획일주의적 발상이라 하겠다.

공자가 말한 禮는 그 배경에는 항상 周가 중심이다. 主從 관계에서 從적인 자가 지녀야 할 分數(분수)에 맞는 행동 규범들인 것이다. 나아가 풍속도 주나라를 따르라는 것이다.

그 당시 중국에서도 제후국 고유의 풍속과 다르다 하여 따르지 않았던 것을, 조선의 유학자들이 국가 이념으로 삼아 중국도 아닌 그것도 이천 년이 훨씬 지난 후에 자기의 백성들에게 그렇게 하기를 강제했던 것이다. 그래서 벌어지는 작금의 행태들이 우리의 역사가 되고 말았다.

공자가 최고의 덕목으로 삼은 禮라는 것도 진심을 담은 행동일 때만 가치가 있지, 어떤 기준으로 외부적으로 작용할 때는 형식이고 장식품에 불과하다. 禮가 과연 삶의 본질적 요소인가? 어떤 행위를 하는데 보이는 것들이 질서적이며 아름답게 보이면 좋기는 하나, 그것이 본질이 될 수는 없다. 보이는 것에 치중하는 삶, 本末(본말)이 전도된 삶, 지금 우리 시대에 병폐로 자리 잡은 것 중의 하나다.

공자는 학자이자, 선생 같은 인물이다. 학자는 자기가 좋아하는 것을 알고 익히며 그것을 가르치는 데 기쁨을 느낀다. 그 지식이 시대에 맞는 것인가 아닌가 그리고 그 지식을 어떻게 쓰고 활용할 것인가에 대해서는 별개의 감각이 필요하다. 대부분의 학자는 그 감각이 부족한 경우가 흔하다. 자기는 부정하겠지만 말이다. 그리고 자기가 알고 있는 것이 최고라는 망상이 많다. 자기 것만이 유일한 구원의 길이라 주장하는 종교처럼 자기가 아는 것이 최고여서 자기 방식대로만 생각하고 살아야 하며, 다른 것은 모두 처단해 버려야 하다는 조선의 유학자처럼 말이다.

학자와 정치가는 분명 다르다. 학자는 시대에 관계없이 하고 싶은 공부를 하면 된다. 하지만 정치가는 과거를 참고하고 미래를 바라보며 현재를 살아야 한다. 따라서 정치가에게 중요한 것은 '지금 무엇을 해야만 할 것인가'이다.

사회에 발생하는 모순과 부조리가 왜 일어나는가를 분석하고, 그 대안을 찾는 것이 지배 계층이 해야 할 일이다.

나라에서 일어나는 갈등과 무질서는 지배 계급의 확대에 따라 경제력이 뒷받침되지 못하여 일어나는 경우가 많다. 고려 말, 무신 정권하에 성장한 사대부 집단과 문벌 귀족 간의 갈등도 결국 밥그릇 싸움인 것이다.

문제가 이것이라면 개혁은 밥그릇을 키우는 방향이 되어야 했었다. 그러나 개혁은 있는 밥그릇을 재분배하는 것으로 끝난다. 유교적 사고에 젖어 그 이상을 보지 못하는 그들의 한계가 여실히 드러났다. 유교의 기반은 혈연 중심의 농본사회이기 때문에 상업 나아가 제조업 중심의 사회를 보지 못하는 것이다.

조선의 건국 시기는 14세기 말이다. 서양은 르네상스를 맞아 새로운 시대로 진입하는데, 우리는 농업 중심의 과거로 회귀하고 있었다.

중요한 것은 '아는 것 그 자체'가 아니라, '아는 것을 어떻게 활용하느냐'에 있다. 현실 적용의 문제를 항상 고려해야 하는 것이다. 그런 감각이 없는 정치가는 해악이다. 조선 유학자, 특히 사림파 계열의 학자들이 학문적으로나 인격적으로 아무리 훌륭하다 해도 그들이 펼친 현실적 정치의 결과는 해악 이상이다.

그들은 조선이란 나라에 살고 있으면서도 자기 나라가 없다. 그들의 관심은 자기 나라의 현실이나 나아갈 바가 아니라, 오직 유교 교과서에 있었다. 이 나라의 지배 계층으로서 무엇을 해야 할 것인가가 아니라, 유교 교과서 뒤에서 자기 잇속만 채우면 되는 것이었다. 그들에겐 왕도, 백성도, 나라도, 안중에 없다.

그것은 자신들의 이익만 지켜 준다면 누가 되어도 좋은 것들이고, 그들에게 관심 있는 것은 그들만의 세력 확장과 이익이었다. 그러기에 그렇게 쉽게 나라를 일본에 넘겨주고도 부끄러운 줄 모르는 것이 아니겠나. 그들은 사실 정치가도, 혁명가도, 학자도 아닌, 지식을 이용한 고리대금업자에 불과하다고 볼 수 있다.

공자의 최대 장점은 교육 콘텐츠를 만들었다는 데 있다.

'공자'라는 이름이 지금까지도 아시아권에 살아 있는 이유일 것이다. 중국을 통일한 모든 나라들이 유학을 받아들인 이유는 바로 이 '교육'에 있었던 것이라고 나는 생각한다.

국민을 통치하는 데 교육만큼 확실하고 효과적인 것이 있는가. 그 내용이 충성스런 국민을 만드는 내용이라면 더 말할 나위 없이 좋지 않겠나. 天子는 스스로 되면 되는 것이고 말이다. 취업을 위해 열심히 스펙을 쌓는 요즘 젊은이처럼 출세를 위해 열심히 공부하고 있는 그때의 젊은이를 상상해 보라.

지금 우리에게 일어나는 여러 부작용과 부조리한 행태들의 원인으로 공자를 탓하는 것은 아니다. 공자로 인해서 알게 되는 많은 것들이 개인의 완성을 위해 풍성한 자료를 제공한다는 점은 부정할 수 없다.

개인적으로 나는 공자를 좋아한다. 한 시대의 대지식인으로서 자기가 옳다고 생각한 것을 실행에 옮기려 노력하는 자세, 그것이 받아들여지지 않는다고 좌절하거나 분노로 폭발하거나 선동하지 않고, 학자적인 삶으로 마무리한 점에서 오히려 나는 그를 좀 더 알고 싶다.

내가 말하고 싶은 것은 이용하는 자의 오만함이다. 그 오만함이 밖을 향한 것이라면 그래도 봐주겠는데, 안을 향하고 있으며 밖을 향해서는 오히려 비굴함으로 변질되어 그것이 비굴한 것인지조차도 모르는, 한마디로 '등신 같은 인간들'이 자기가 알고 있는 것이 최고라 여기며 남에게 강제한다는 것 또한 그들이 통치 집단을 이루어 행할 때 벌어지는 그 무자비하고 지속적인 해악을 말하고 싶은 것이다.

춘추 시대는 기원전 8세기경에 시작한다. 조선의 건국은 1392년이다. 아무도 국가 이념으로 채택하지 않고 국민을 통치하기 쉽게 교육하는 수단이자 관리를 양성하기 위한 수단으로 이용한 사상을, 2000년이 훨씬 지난 14세기에 자발적으로 국가 건설의 이념으로 삼았다는 그 어리석음에 감탄할 따름이다.

어떤 학문이나 이론들은 그것이 만들어지는 배경이 있고, 따르다 보면 어떤 결과물이 나오게 되어 있다. 그러므로 활용에 있어서 그 한계를 명확히 하는 것이 중요하다.

조선이 유학을 국가 이념으로 채택한 것 자체를 비판하는 것이 아니다. 어떤 것도 활용하기 나름이기 때문이다. 일본처럼 어떤 지배체제를 완성시키고 자신의 나라를 강화시키기 위한 수단으로 활용했다면, 이런 말을 할 필요가 없는 것이다.

유학이 아무리 교육적 내용이 풍부하고 철학적으로도 심오하다 할지라도 그것의 배경에는 중국 중심의 사상이 있다. 일개 학문 단체도 아니고 한 나라가 그런 사상을 도입하여 통치 수단으로 삼을 때는 그런 한계를 인식했었어야 했다고 생각한다.

아무리 그 학문에 숙달하고 실천에 있어서 완벽하다 하더라도, 우리가 중국의 풍습을 따라 하고 중국 성현의 제사를 지낸다고 해서 우리가 중국이 될 수 있는가? 그들이 우리 조상이 되는가? 중화니 소화니 떠들어 봤자 자기들 말이지, 밖에서는 조롱거리만 될 뿐이다.

임진왜란이 왜 일어났는가. 우리나라가 일본에게 그렇게 막 보이는 나라였던가. 처신을 잘못하면 그렇게 무시당한다. 그렇게 당하고도 고치지 못하고 더하다 결국……

지금도 일본에 대해 분노만 할 것이 아니라 우리가 또 무슨 바보짓을 하고 있는 것은 아닐까, 돌아볼 계기로 삼아야 할 것이다.

　그렇다면 그들이 생각하는 국가란 어떤 것이었을까. 과연 그들에게 國家觀(국가관)이란 것이 있었을까? 그들이 국가의 역할에 대한 기본적인 생각만 했었어도, 한 민족을 통합하는 국가를 다른 나라의 제후국으로 전락시키지는 않았을 것이다.

　조선은 자발적으로 명나라의 제후국임을 자처했다. 그래서 모든 국가의 대소사에 明(명)의 허락을 받고자 했다. 일명 '사대주의'라 칭한다. 그것이 국제 정세라 하지만, 웃기는 소리다. 섬겨야 할 것은 대국이 아니라 바로 자신의 백성임을 그들은 몰랐단 말인가.

　그 당시 어느 나라가 그런 행동을 했는가. 원·명의 교체기에 우리는 국제적 실리를 취할 수도 있었다. 그러나 우리는 天命을 운운하며 明에 從的 관계를 자처한 것이다. 유학적 세계 질서에 부합한 행동이다. 주나라의 봉건제도에 따른 主從(주종)관계를 국내에서 실시할 수 없으니까 국제적 관계에서 찾아 스스로를 從의 자리로 낮춘 겸양의 미덕을 발휘한 탁월

한 선택(?)이었다고 봐야 되나. 그들에겐 한 민족으로서의 일말의 자존심도 없었단 말인가.

어설픈 지식으로 자기 민족을 格下(격하)시키고, 그것도 모자라 그런 굴욕적 국가관으로 국민을 교육시키고, 그것이 최고인 양 그렇게 살도록 강요하며 처벌까지 하였다는 것을 어떻게 봐야 할 것인가. 그러니 일본에게 나라를 팔아먹고도 일말의 양심도 없이 잘 살 수 있었을 것이다. 가식적이고 얄팍한 지식으로 국민을 우롱하며 출세의 수단으로 삼는 천박한 지식인의 전형이 바로 조선의 권력자들이다.

고려 말 주자학이 들어와 그것을 개혁의 수단으로 사용하려고 한 시점으로부터 우리는 망국의 시대로 접어들기 시작했는지도 모른다. 아니, 신라가 실시한 漢化政策(한화정책)에서 그 시작을 찾을 수도 있다.

자기 권력의 권위를 외부에 의존하려는 그 생각에서 비굴함과 오만함이 싹트는 것이다. 나라를 개혁한다는 자들이 들고 나온다는 것이 고작 중국의 예법이라니, 그 당시 우리의 예법이 그렇게 형편이 없었나? 나라의 당면 문제가 그런 형식에 있었을까?

중국으로 도망가는 선조의 모습 속에서 나는 지붕 없는 집과 머리 없는 사람이 떠올랐다. 주체가 없는 조선의 모습이었다. 조선의 지식인들이 신봉하는 유학의 현실 적용의 결과이다. 백성에게 예의 바른 척 아는 척 뻐길 줄만 알았지, 권력자들이 무엇을 해야 하는지, 그 기초도 모르는 자들의 주체성 없는 지식의 수용과 적용이 어떤 결과를 초래했는지를 극명하게 보여 주는 것이라 할 것이다.

　선조시대는 조선 유학의 황금기였다. 백성이 지켜낸 것은 그런 조선이 아니다. 2000년 전, 중국의 그 당시 제후국들이 새로운 나라를 꿈꾸면서 공자를 기용하지 않았던 이유를 생각해 보자. 스스로 天子가 될 수 없다면, 그것은 그들이 꿈꾸는 나라가 아닌 것이다. 새로운 나라를 만들면서 조선은 무엇을 꿈꿨을까?

스스로 판단을 내리고 행동하지 못하는 나라

작은 것 하나라도 허락을 받아야 하는 나라

그의 아류로 행복을 느끼는 나라

그 속에서 사대부만이 고귀하게 잘 먹고 잘사는 나라

조선 유학자들의 정신세계가 궁금하다. 그들의 세계가 아무리 멋진 철학으로 포장된다 하여도, 그들이 아무리 훌륭한 인격의 소유자라 해도, 아무리 많은 지식을 가지고 있다 해도, 그들은 사람이 아니다. 자신이 주체가 되지 못한다면 그것은 한낱 로봇에 불과하기 때문이다.

그들에 대한 평가는 재고되어야 한다. 평가에는 항상 그 결과가 主가 되어야 한다. 어떤 것이 그 자체로서 아무리 훌륭하다 하더라도, 세상에 악영향을 끼치고 그 결과가 파렴치하다면, 그것은 훌륭한 것이 아니어야 한다.

그들이 우리 고유의 풍습을 얼마나 혹독하게 경멸하고 무시하며 중국을 따르도록 강요했는지, 우리 국민은 지금까지도 고유한 자신의 것을 부끄러워한다. 떳떳이 내놓지 못한다. 자신의 고유한 기준은 엄두도 내지 못하며, 항상 남의 판단을 중시한다. 내 생각이 중요한 것이 아니라 남의 생각이 중요하며, 내가 무엇을 어떻게 해야 하는지 생각하려 하지 않는다. 남이 좋다고 평가를 하면, 그때야 좋은 것인 줄 안다.

지금은 天命이 미국으로 바뀐 것 같다. 지금은 미국이 기준이다. 먹는 것조차도 미국 FDA 기준에 맞아야 통한다. 조선의 위정자들이 흐트러트린 우리 국민의 정신 상태를 생각하면 한숨만 나온다.

자기 것을 자기 것으로 온전히 지키지 못하도록 같은 민족에 의해 핍박받는 그 심정, 그것이 바로 恨(한)일 것이다.

백성이 지켜낸 것은 조선이 아니라 우리나라다. 잘 먹고 잘산 사대부들이 만들고자 한 것은 중국의 亞流(아류) 조선이었을지 모르지만, 백성들은 형식이 아닌 나를 자연스럽게 표현할 수 있는 살아 숨 쉬는 나라, 그래서 신이 나는 우리의 정신이 살아 있는 나라, 우리가 주인인 나라를 만들고 싶었을 것이다.

지금까지도 이어지는 권력자와 백성 간의 갈등과 괴리라고 볼 수 있다. 권력자들은 항상 국가를 그 누구의 아류국으로 만들려 하고, 백성은 우리의 특성을 가진 우리의 나라를 만들고자 한다.

밖은 나를 강화하기 위해 필요한 것이지, 나의 경계를 무너트리라고 있는 것은 아니다. 안과 밖이 하나의 조합이지만, 안이 우선한다. 이것은 '나만이 최고다'라는 나만 잘 살아야 된다는 뜻이 아니다.

안, 즉 '나란 기준이 바로 서야 밖과의 올바른 관계가 형성된다'라는 뜻이다. 나란 기준이 없다면, 그 어느 것도 바른 것은 없다. 국화라는 꽃은 국화라는 특징으로 세상과 관계해야지, 장미 비슷한 꽃으로나 뭐라 말할 수 없는 것으로는 나를 알 수도 없고, 세상과 소통할 수도 없고, 나아가 발전도 없는 것이다.

조선은 우리나라만의 특징을 갖는 고유한 나라를 만드는 기준을 정하는 데 실패했다. 즉, 우리 고유의 특성을 무시했다. 백성이 살아가는 방식을 무시했다.

백성의 살아가는 행색이 아무리 초라하다 할지라도 그 속에 살아 숨 쉬는 정신을 찾아 발전시킬 수 있는 기준을 만들어야 했었다. 그들에게 진정 필요한 것이 무엇인지 찾아 해결해 주어야 했었다.

딱 한 사람, 세종대왕만이 그 일을 하셨다. 그래서 나는 '조선의 한 줄기 빛'이라 말하는 것이다. 오직 그분 한 사람의 힘으로 조선이 그리 오래 존속되었는지도 모른다.

천부경
기본 한 생각

우리나라는 오랜 세월 동안 말과 글이 서로 일치되지 않아서, 즉 말하는 법과 쓰는 방식이 달라서 참으로 불편했다. 이두나 향찰 등 나름대로의 노력은 있었으나 근본적인 문제는 해결하지 못했다.

그런 민족의 숙원 문제를 세종대왕께서는 해결하신 것이다. 우리가 우리말을 그대로 표현하는 글자가 없었다면 어땠을까? 그런 경우는 너무 끔찍해서 생각하기도 싫다. 세종대왕께서는 사대부들을 위해 글자를 만드신 것이 아니다. 글 좀 안다고 사대부들이 그토록 무시한 그 백성을 위해 만드신 것이다. 어리석다 무식하다고 무시한 것이 아니라, 더 이상 어리석지 않도록 더 이상 무식하지 않도록 가르치고 이끌기 위해 훈민정음 - 백성을 가르치는 바른 글, 우리글을 만드신 것이다.

그리고 펴낸 책이 〈월인천강지곡〉과 〈석보상절〉이다. 이는 불교에 관한 책이다. 유교에 관한 책이 아닌 것이다. 불교는 그동안 백성들이 죽 믿어 왔던 종교이다. 그러나 과연 그것이 무엇인지 알고 믿은 백성은 얼마나 될까?

세종대왕께서는 '그냥 좋으니 믿어라'가 아니라 '믿을 때 믿더라도 알고 믿어라'라고 그 뜻을 펼쳐 보이신 것이다. 조선의 이념이 무엇이었든 간에 세종대왕에게 중요한 것은 그 이념이 아니라 백성이었던 것이다. 그 이념을 주입시킨 것이 아니라 백성이 알고자 한 것을 알려 줬다. 통치의 중심에 백성이 있었다.

국가의 기본은 백성이다. 그 백성이 즐겁지 않으면 그 국가는 존재 의미가 없다. 백성이 원하는 것은 영토 확장이나 심오한 철학적 사고가 아니다. 그들이 원하는 것은 '삶이 편안하여 즐거운 것'이다. 세종대왕께서는 그 일을 이루기 위해 노력하셨다.

원하는 것, 필요한 것을 주고 바람직한 방향으로 이끄는 지도자. 그런 의미에서 세종대왕은 진정한 지도자로서 참으로 위대하지 않은가!

그런데 지금 우리는 그를 국가적으로 기념하는가? 성탄일이나 석가탄신일은 있어도 세종대왕 탄신일은 없다. 왜 이런 유사한 일들이 벌어지고 있는지 아는가. 도대체 우리는 어디에 있는가. 우리는 그의 정신을 국가적으로 기념하여 기리지도 못할 만큼 무식한가.

단군에 대한 이야기가 있다. 역사니, 신화니, 꾸며낸 것이니, 말이 많다. 그것이 역사든 신화든 그 어떤 것이든 사실에 관계없이 중요한 것은 우리의 '선택'에 있다.

우리가 어느 것으로 보고자 하는가가 중요하지, 그 사실 여부는 중요하지도, 밝혀질 수 있는 것도 아니다. 어떤 일이든 그 뜻을 밝혀 받아들일 때 그 존재 가치가 있는 것이며, 사실로서 빛이 나는 것이다.

자기의 자존감은 자기 스스로 만드는 것이지, 남이 만들어 주는 것은 아니다. 세계의 역사에서 확실한 실시간 기록을 가지고 있는 것은 우리 조선뿐이다. 전해지는 삼국, 고려 역사는 물론 세계의 어느 역사도 후대에 기록된 것으로, 쓰는 사람의 생각에 의해 걸러진 역사다. 그것이 정확한 역사의 기록이다 단정할 수 없는데도 인정하고, 연구하고 찬양하는 데 역사 기록이 전무하다시피한 우리 고대 역사에 그나마 있는 책도 僞作(위작)이니 어쩌니 하면서 고증 실증을 따지며 유독 자기 나라 역사에 대해서만 과학적 자세를 견지하는 심보는 도대체 어디에서 나오는지 궁금하다.

어느 나라처럼 아닌 것을 만들어 조작한 것도 아니고, 오랜 세월 동안 전해져 내려오는 것을 이런저런 이유를 들어 깎아 내리는 것은 자신의 것을 무시하고 중국을 따르려 했던 조선의 유학자에서 전통이 면면이 이어져 내려온 것이 아닐까. 여기서 말하는 조선 유학자는 권력을 휘두르며 유교, 정확히 말하면 주자학 이념으로 포장하고 속으로는 자신의 실속만을 챙긴 실세 주류를 말한다.

이념은 중요한 것이다. 이념은 자신이 하고자 하는 것의 큰 틀이며, 인식의 방향과 수준까지도 결정한다.

어떤 회사를 세우면서 忠孝(충효)의 이념을 그 회사의 이념으로 한다면, 아마 모두들 비웃을 것이다. 하물며 한 나라를 세우면서 그런 이념을 내세웠다는 것은 아무리 왕도정치니 민본주의니 포장을 해도, 그것은 미숙한 발상이다.

국가를 이룩하려면 국가 수준에 맞는 이념이 도입되어야지, 집안의 논리를 확대·변형시켰다고 해서 그것이 잘 적용되어 운영되리라 생각하는 것은 잘못된 생각이다. 새 술은 새 부대에 담으란 말이 왜 있겠는가.

기록이 있는 우리의 고대사를 보면, 이미 유교의 교육 교과 과정을 이미 도입해 활용하고 있었다. 새삼스런 일도 아니다. 그런데 이를 전면으로 부각시킨 이유가 무엇일까.

모든 개혁은 당면 문제를 해결하는 방향으로 이루어진다. 그러나 조선은 문제를 강화시키기는 방향으로 이루어진다. 고려는 정치체제가 중앙집권적이긴 하지만, 왕권이 강해 본 적이 별로 없다. 고려의 모든 정치적 문제는 왕권이 약한 데서 기인하는데, 조선은 그 왕권을 더욱 구속하여 형식적인 자리로 만들려 하였다. 이방원에 의해 일시 제동이 걸리긴 하지만, 그 후 조선은 간혹 벌어진 몇 차례의 갈등을 제외하고는 그런 식으로 전개된다.

이는 나라를 위한 개혁이 아니었다는 뜻이다. 진정 나라를 위한 개혁이었다면 왕을 중심으로 국민의 역량을 결집시킬 수 있는 이념과 체제가 도입되었어야 했다. 정도전을 비롯한 신흥 사대부들은 그들만을 위한 나라가 필요했고, 그를 위해 주자학을 이용했다.

조선의 체제는 고려와 별반 다르지 않다. 다른 점이 있다면, 고려와 원과의 관계는 어쩔 수 없는 것이었지만 조선과 명과의 관계는 왕권을 철저히 약화시키려는 자발적 예속 관계였다는 점이다. 즉, 무소불위의 사대부 나라를 만들기 위하여 유교를 이용해 국제 관계를 결정함으로써 왕을 안팎으로 구속하고 굴레를 씌운 것이다.

그들이 백성을 직접 다스리는 명분이 없었기 때문에 형식적인 왕이 필요했다. 결국 그들에게 개혁이란 나라 전체를 위한 개혁이 아니라 그들이 권력을 잡기 위한 수단에 불과했던 것이다. 수없이 반복되는 역사 속 개혁들이 이와 같다.

다 이기적인 욕심을 감추기 위한 장식으로, 개혁이란 명분을 내세우는 것이다. 따라서 그 많은 개혁이 이루어졌어도 인간의 부조리는 꼬리에 꼬리를 물고 이어진다.

그들은 지식인들이다. 지식인은 국가의 기반 경제 담당자가 아니다. 그들에게 지식이 없다면 건달과 같고, 지식이 갖춰지기까지 막말로 놀고먹는 자들이다.

백성이 대신 일하고 있기 때문에 그들은 비로소 공부할 수 있는 것이다. 하여 그들이 쌓은 지식은 백성을 위해 쓰여져야 하는 것이 마땅하다.

그런데 그들은 그들 자신만을 위해 사용하였다. 지식을 출세의 도구로 사용한 것이다. 유교가 발달 과정상 혈연을 기본으로 한 지역을 기반으로 한 까닭에 국가적 의식이 부족한 결과다. 사고의 틀이 자기 집안, 자기 당파, 자기 지역의 범주를 넘지 못한다. 나라를 가정의 틀로 운영하여 부분적·지엽적 이익만 챙길 줄 알았지, 전체를 보지 못한다. 나라는 결코 한 집안이 아니다.

나는 지식인들이 자기의 지식을 올바로 사용하지 못했을 때의 문제점에 대해 말하고 싶다. 오직 자신들의 이익을 위해 지식을 악용했을 때 나라까지도 망하게 하고, 부끄러움조차 느끼지 못하는 파렴치한의 극단을 보여 주는 역사가 바로 조선 지식인의 역사라고 말하고 싶은 것이다.

지금까지도 그 틀이 이어진다는 점이 통탄스러울 따름이다.

임진왜란을 살펴보자. 모두 다 알다시피 왕과 정권을 장악한 지식인들은 도망갔다. 도망갔다가 돌아온 그들은 더욱더 주자학의 이념으로 사대를 강화하고 예법으로 백성들을 옭아매고 나라를 위해 헌신했던 정적들을 제거했으며, 뜻을 달리하는 왕은 쫓아냈다. 다시 오직 자신들의 이익을 위해 산다.

암은 어떤 세포의 무한한 자기 증식의 결과다. 전체를 파괴한다. 그래서 그 후 아무 거리낌 없이 나라를 일본에 넘기고

작위을 받아 그 속에서 잘 먹고 잘 산다. 해방 후 그들은 다시 미국을 등에 업고 항일 투쟁을 하며 나라를 찾기 위해 노력했던 이들과 자신을 반대하는 사람들을 '빨갱이'로 몰아 처단하고, 역사를 왜곡·단절시킨다. 그들의 사대의 역사는 명에서 청, 일본, 미국으로 꾸준히 이어진다.

기본적인 국방의 의무도 하지 않은 채 나라를 위해 일하겠다고 나서며, 지역을 기반으로 철저히 이익을 챙기는 자칭 정치인들.

자기 땅을 찾겠다고 재판을 하는 친일파들의 후예들.

자랑스런 자기의 역사에는 설마하며 깐죽거리다가도 잘못된 역사에는 수치스런 역사도 역사라며 기념하자고 덤비는 일련의 학자들과 그 추종자들.

외국 명품으로 한껏 치장하며 뭔가 차별화 하고 멋진 듯 쿨한 척하고, 나라 생각하는 것쯤은 편협하고 속 좁은 것으로, 고유한 자신의 나라에 대해 자랑스럽게 말하는 것을 '국수주의'라며 촌스럽게 생각하는 일련의 사람들.

조선은 아직 끝난 것이 아니다.

천부경
기본 한 생각

우리나라엔 두 종류의 사람들이 존재하는 것 같다. 나라를 생각하는 사람과 나라를 이용하는 사람.

신라 시대 이래로 이 두 종류의 사람들이 우위를 다투다, 드디어 조선 시대에 나라를 이용하려는 사람들이 승기를 잡는다. 그래서 나라를 생각하는 사람이, 하나로 통합시키려는 사람이 분열시키려는 사람들에게 항상 억압을 받아 왔다. 심지어는 지금까지도 말이다.

恨(한)이라 하면 언뜻 시어머니와 며느리의 관계를 떠올릴 것이다. 갈등 구조를 집안의 문제로 축소시키려는 일제 시대의 잔재들이다.

며느리들이 바보인가? 아무 이유 없는 구박을 참고 지낼 만큼 한국의 여자들은 어리석지 않다. 오늘날 며느리와 시어머니의 관계를 보면 알 수 있을 것이다.

세상이 바뀌어서 그렇다 하지만, 세상이 아무리 바뀌어도 인간관계는 인간관계인 것이다. 서로 주고받는 것이 없으면, 그 관계는 성립되지 않는다.

옛날의 여자는 안살림을 맡아 했다. 한 집안의 경제를 쥐

락퍼락하는 것이다. 일명 '곳간 열쇠'로 상징된다. 결혼은 조혼이다. 결국 아무런 사전 교육 없이 시집을 오게 되는 것이다. 따라서 옛날의 시어머니와 며느리는 집안 경제의 대를 잇는 일종의 스승과 제자 관계라 볼 수 있다.

한 집안의 살림이 왔다 갔다 하는데, 그 교육이 어찌 수월했겠는가. 작게는 평민의 집안에서 크게는 종갓집까지 여자로서 챙겨야 하는 대소사를 원활하게 치러 내려면 그 능력 향상의 과정이 결코 장난일 수 없었을 것이다. 요즘 대학 입시로 스트레스를 받는 수험생이나 며느리 심정이나 별반 다르지 않았을 것이다.

이 모든 교육 과정을 잘 이겨 냈을 때 곳간 열쇠를 넘겨줌으로써 교육은 끝나고, 그 결과로 인수인계 절차가 이루어지는 것이다. 시집살이를 교육의 현장으로 파악하지 않고 단순한 여자들 간의 대가없는 구박 정도로 파악하는 것은 본질을 왜곡하는 것이라 보겠다.

한때 '낀 세대'라 자조하며 한탄하는 시어머니들이 있었다. 자신들은 시집살이를 지독히 하고 며느리에게 대접도 받지 못한다는 뜻으로 말하는 것이었다. 자신들이 시어머니로부터 받은 교육은 전혀 생각 못하고, 당한 것만 들먹이며 대접 받으려는 생각은 뭔가 잘못된 것이 아닌가.

요즘 며느리들은 이미 교육을 받고 결혼을 한다. 시어머니보다 더 많은 것을 알 수도 있다. 우리가 받은 공교육은 유교 이념의 교육장인 가정교육과 단절된 모양새를 보인다. 즉, 부모가 가르칠 수 있는 교육 내용과 자식이 필요로 하는 교육 내용이 차이를 보인다는 것이다. 공교육은 서양의 영향을 받아 시민을 양성하는 교과 과정을 채택하여, 유교 이념의 교육이 각광을 받지 못하고 뒷전으로 밀린다.

종전 가정교육의 주체인 부모의 위력이 힘을 발휘하지 못하고 사회적으로 자식들의 지식이 더 유용하게 쓰여, 세대 간의 힘이 역전되는 듯하다. 이런 상황 속에서 가정 내의 위계질서가 무너지는 것은 어쩌면 당연한 현상이 아닐까 한다.

요즘 며느리들은 시어머니에게 배우질 않고 시어머니도 안 가르치는지 혹은 못 가르치는지는 알 수 없지만, 가르치질 않는다. 가정 문제에서만 봐도 며느리에게 필요한 효율적 정보를 주지 못한다. 그러면서 단지 아들을 낳았다는 이유만으로 어떤 대접을 받으려 하고 처신을 강요하는 것은 합리적이지도 않고 뒤틀린 관계만을 초래할 뿐이다.

요즘 여자들은 시어머니나 자기 엄마에게조차도 결혼 후 가정을 운영하는 데 필요한 아무런 정보도 받지 못한다. 받는 것은 '나는 시어머니에게 남편에게 이렇게 당했으니, 너는 그렇게 살지 마라'이다. 왜 당했는지에 대한 과정이 없다. 그저 고생했다는 내용이다. 그럼 한 가정을 꾸려 나가는 생활이 쉬우리라 생각했나.

요즘 여자들은 육아를 포함하여 집안일이 제일 힘들다. 받아야 할 정보를 받지 못했기 때문이다. 무슨 일을 당하면 집안 어른에게 물어보는 것이 아니라 인터넷을 뒤진다. 모든 일을 내가 처음 시작하는 것처럼 원점에서 알아 가야 하는 것이다.

주위에 사람이 많아도 외롭다. 나에게 필요한 것을 가까운 사람이 알려 주지 않고 해야 할 일만 강요할 때, 그 갈등이 恨이 되는 것이다. 가족들 간의 불협화음은 해야 될 일─살아가는 데 필요한 진정한 교육과 윗사람으로서의 배려는 하지 않고 그 자리에서 얻을 수 있는 이익만을 챙기려 함으로써 일어나는 일이 아닌가 조심스럽게 생각해 본다.

백성들은 국민으로 성장할 준비가 되어 있는데 지배 집단들이 낮은 단계의 기준을 강요하며 꼴불견 같은 모습으로 윽박지를 때, 성장에 대한 갈망이 억압되고 자신은 정당한 평가를 받지 못하는 것이 恨이 되는 것이다. 조선을 그렇게 백성에게 恨을 심어 주고 있었다.

나라를 생각하는 사람은 나라 전체를 본다. 전체로서 균형 있는 틀을 만들어 내고자 한다.

나라를 이용하는 사람은 자신에게 유리한 부분만을 본다. 전체는 상관하지 않는다. 부분만을 보니 응집된 힘이 있다. 그 힘으로 구석을 파고들어 전체를 흔든다. 그래서 이익을 취한다. 이런 사람들에게 이제까지 이 나라가 항상 이용만 당해 왔다.

그러나 이제 응집된 부분적 힘으로 전체를 흔들 만큼 전체가 나약하지 않다. 이제 백성은 개개 사회의 구성원만이 아닌 나라의 기반인 국민으로 성장했다.

단군 이야기에서 우리는 몇 가지를 주목해 볼 필요가 있다. 이것이 신화든 역사든 우리에게 전하려는 의미를 되새겨 볼 필요가 있는 것이다.

먼저 환인 환웅 단군, 환웅 웅녀 단군으로 이어지는 구조다. 환인과 환웅은 하늘에 있다. 하나로 인식되는 것 중의 하나인 '天'이다. 환인은 하늘 그 자체이다. 우리는 그를 '하느님'이라 불러 왔다. 환웅은 하늘의 人적 요소인 신을 상징한다. 하늘이면서 분별을 하여 작용한다. 단군은 환웅의 자식이다. 반은 사람이고 반은 신이었으나 나중에 온전히 신이 된다. "신이 되어 하늘로 갔다."라고 전해진다. 웅녀가 어떻게 됐다는 말은 없지만, 웅녀 또한 신이 되어 하늘로 갔을 것이다.

결국 우리가 가야 할 곳이 하늘이고, 우리는 하늘의 자식이 된다는 뜻이다. 고대 국가에서 보면, 우리의 고유의 풍습으로 제천 행사가 있었다. 개별 조상 제사를 지내는 것이 아니라 하늘의 자식이므로 하늘에 제사를 지낸 것이다.

중국에서는 오직 天子만이 하늘에 제사를 지낸다 하여 아무나 천제를 올릴 수 없었다. 중국에서는 천자가 특별한 사람에 국한되지만, 우리는 우리 모두가 천자다. 우리는 아주 옛날부터 국가적으로 천제를 올려 왔다. 조선은 유교의 영향으로 각 집안 별로 조상 제사를 지낸다. 천제를 올릴 수 없다.

하지만 지금은 그 조상 제사가 점점 그 의미를 잃어 간다. 그것은 백성이 깨어나고 있기 때문이다. 원래의 그 웅대했던 하늘의 자식으로, 좁다란 집안의 틀에서 벗어나 내가 확대된 한 국가의 국민으로 그 의식이 성장하여 세계로 나갈 준비를 하는 것이다.

우리에게 개별 조상이 어디 있는가? 우리 모두는 하늘의 자식으로 하나다. 크게 보면 이 지구상에 하늘 자식이 아닌 사람이 어디 있겠냐마는 환웅이 웅녀의 뜻을 받아들여 단군을 낳게 했다는 것은 직접적인 혈통으로 직계의 의미를 담고 있다고 봐야 할 것이다.

우리는 이것을 민족의 개념으로 발전시켜 왔다. 한민족, 위대한 민족. 여기서 한을 '韓'으로 보는데, 나는 잘못된 번역이라 생각한다. 이 한은 북방에서 '칸'으로 '우두머리, 으뜸, 임금'의 의미로 쓰이며, 순수한 우리말로 '밝다, 크다'라는 뜻이다.

환의 변형이란 말도 있다. 즉, '여러 민족 중에서 으뜸인 하늘의 직계 자손의 민족'이란 뜻인 것이다. 현재 우리 처지를 생각하면 실소할지 모르나 우리가 누구라는 자각을 한다면, 흩어져 버린 우리의 웅대한 역사를 다시 찾기 시작한다면, 그 말의 의미를 실감하게 될 것이다.

그리고 우리의 한강을 '漢江'이라 쓰는 어리석음을 저지르지 말자. 이 얼마나 바보 같은 짓인가. 순수한 우리말로 '한가람', 즉 큰 강이란 뜻이다. 한자로 그렇게 쓰면 유식해 보이는지, 아무렇게나 쓰는 모습은 창피하다.

다음으로 눈여겨 볼 것은 바로 '홍익 이념'이다. 환웅은 그냥 되는 대로 인간 세상을 다스리려 하지 않고 이념을 먼저 세웠다. 앞서 말한 대로 이념은 무엇을 하는 데 하나의 큰 틀을 결정짓는다 했다. 이념은 또 다른 天이다. 이념을 현실화하는 데는 혼자만의 힘으로는 불가능하다.

이에 따라 풍백·운사·우사 등 3천 명의 무리들과 함께 인간 세상에 내려와 神市(신시)를 열어 다스렸다 한다. 市란 사회다. 그들은 이념을 실현시키기 위한 조직체라 볼 수 있다. 그들은 홍익 이념으로 무장했을 것이고, 각 분야에 전문가였을 것이다. 요즘으로 말하면, 환웅을 수장으로 한 정부 조직 같은 것이었다고 보인다. 인간 세상에 필요한 모든 것을 가르친 것이다. 인간들도 엄격한 조직체는 아니지만 무리지어 살고 있었을 것으로 생각된다.

3천 명의 전문가라면, 오늘날에도 손색이 없는 거의 모든 분야라 할 수 있다. 그들이 처음 한 것은 지배 복종의 관계를 설정한 것이 아니고, 정복자로서 억압과 수탈을 한 것도 아니고, 바로 가르친 일이었다. 홍익 이념의 첫 번째 실현 단계는 모르는 것을 알게 해 주는 일이었다. 자기가 아는 지식을 이용하여 무시하고 착취하는 것이 아니고, 바르게 사는 법을 가르친 것이었다. 얼마나 위대한 앞선 자의 행위인가.

그다음으로는 그중에서 자신의 모순을 자각하여 꿈을 꾸는 자가 그 해결 방법을 물을 때, 그 방법을 제시하고 꿈이 이루어지도록 돕는 것이다. 여기서는 곰과 호랑이로 상징되는 자가 등장한다. 이들은 짐승 같은 삶에서 인간의 삶을 원한다.

짐승과 인간의 차이가 무엇일까. 짐승은 주어진 삶을 살며, 인간은 그 주어진 삶을 변화시킬 수 있는 의지가 있다. 그 의지로 앎을 확대하여 지식을 쌓고, 그 지식이 삶에서 지혜로 발현될 때, 삶은 변화되는 것이다. 즉, 주도적으로 무엇인가를 하여 결과를 넬 수 있는 것이 인간이다.

그 의지를 발현시키기 위한 일련의 과정-깊은 자기 성찰과 인내의 과정을 걸쳐 웅녀가 탄생한다. 그리고 그 웅녀는 어머니가 되기를 원한다.

어머니는 자기를 내세우지 않는다. 無我다.

자식을 품고 키운다. 어머니는 땅의 하늘이다. 땅의 하늘은 스스로 있는 하늘이 아니라 각고의 노력으로 만들어지는 하늘이다.

환웅의 교육 과정을 우수한 성적으로 통과한 인간 중의 가장 위대한 자, 홍익 이념을 가장 먼저 내재화 시킨 자인 웅녀가 원하는 것은 부귀영화가 아니라 어머니였다. 어머니는 새로운 생명의 탄생과 그 지속을 뜻한다. 그 길이 결코 쉬운 길이 아니라는 것은 모두들 잘 알 것이다.

웅녀는 자기 발전의 과정들이 자기에서 끝나는 것이 아니라 다른 인간들에게 시간을 초월해 퍼져 온 세상을 밝히고 싶다는 또 다른 꿈을 그렇게 표현했을 것이고, 환웅은 그 뜻을 받아들였다.

본연의 하늘과 노력의 결실들을 품고 성장한 하늘이 만나 새 생명을 탄생시키는 것이다. 단군이다. 그리고 우리는 단군의 후손들이다. 인간 중에서 가장 위대한 인간의 후손인 것이다.

　그리고 그 피가 하늘로 연결된다. 인간이어도 다 같은 인간이 아니다. 천손인 인간의 존재 이유는, 인간이 되지 못하고 뛰쳐나간 호랑이에 있다. 웅녀는 한때는 같은 동료였지만, 지금은 차원이 다른 그 호랑이를 위해 어머니가 되고자 했을 것이다. 짐승 같은 집착을 버리지 못하고 짐승 같이 살아가는 인간, 그들이 성장하기까지 기다리며 가르침을 주고 깨달음을 주어, 그 짐승 같은 상태를 벗어나게 하기 위해, 시간을 넘기 위해 어머니가 된 것이다.

　홍익 이념은 그 호랑이가 인간이 되지 않는 한 완성된 것이 아니다. 홍익 이념의 실현은 아직 미완성이다.

　환웅, 웅녀, 단군. 天孫(천손) 가족의 탄생이다. 그 후 단군은 그곳에 머무르지 않고 떠나 나라를 세우고 얼마간 지속되다 중국의 주나라가 등장하고, 그 후 신이 되어 하늘로 갔다는 것으로 끝난다.

이것은 나의 확대가 가족에서 끝나는 것이 아니고, 사회·국가로 발전됐음을 말해 준다. 지금까지의 역사로 봤을 때, 나의 최대 확대는 국가이다. 결국 우리 고대사의 주인공들은 인간이 발전할 수 있는 최대까지 발전하다가 그 흔적을 세계에 남기고 모습을 감추었다 보겠다.

그 주인공들은 가르치는 사람들이었다. 3천 명의 전문가가 내려와 인간 3천 명만 가르쳤겠는가. 그 가르침의 파급 효과는 전 세계를 덮고도 남았을 것이고, 그 가르친 것을 합하면 인간과 우주에 관한, 인간이 생활하는 데 필요한 모든 지식의 총체들이었을 것이다.

곰과 호랑이의 비유에서 보듯, 똑같이 가르치더라도 받아들이는 데는 차이가 있다. 즉, 인간의 根氣(근기)가 차이가 있다는 뜻이다. 그래서 시간이 필요하고 기다림이 필요하다. 그리고 가르치는 새로운 하부 틀이 필요한 것이다.

地의 성장이다. 단군까지가 홍익 이념을 실현시키기 위한 天의 성장이었다면, 중국의 언급은 地의 성장을 언급한 것이라 볼 수 있다. 기원전 3천~4천 년을 전후로, 세계 문명이 일어난다. 그리고 기원전 6세기를 전후로, 인도·중국·그리스에서 지금까지 세계를 잡고 있는 철학이 탄생한다. 아무런 탄생의 배경 없이 문명과 철학이 나올 수 있겠는가.

우리는 단군 이야기의 시대와 장소를 정확히 모른다. 그러나 그때와 장소가 어디든, 거기서 시작해서 파동처럼 온 세상으로 퍼졌다는 것은 우리가 생각하기 나름이다. 地가 성장할 때 天은 그 자신을 직접 드러내 보이지 않는다. 다만 地를 통하여 나타낼 뿐이다. 부분을, 흔적을.

지금 세계는 거의 국가 형태를 지니며 발전하였다. 地의 성장이 끝났다 볼 수 있다. 이제 人이 성장할 때이다. 人은 天地를 완성시키며 새로운 天을 만들어야 한다.

지금까지 이야기를 다시 정리해 보자. 결국 환웅은 하늘의 이치를 깨닫고, 그것으로 무지한 인간을 가르치기를 희망한 어떤 존재라 볼 수 있다. 먼저 깨달은 존재다. 그리고 인간에게 스스로 내려와 바른 도리를 가르쳐 인간들이 바른 길로 갈 수 있게 도왔다. 그 첫 번째 결과물이 웅녀이다.

곰과 호랑이는 다른 성향을 지닌 인간들을 상징한다고 볼 수 있다. 곰은 참고 인내하며 내실을 다지는 인간 유형이라면, 호랑이는 힘을 과시하며 지배하고자 하는 인간 유형이라 볼 수 있다. 곰이 바라는 바를 먼저 이루어 냈다. 무엇인가를 이루어 내기 위해 어떤 자세가 필요한지는 구태여 말할 필요는 없겠다.

웅녀의 바람에 따라 천손 가족이 만들어진다. 인간들마다 그 근기가 다르므로 가르치는 것도 그 내용과 방법이 달라져야 하고, 또 긴 기다림이 필요하다. 이에 이 천손 가족들은 다시 성장·발전하며 온갖 시련으로 단련되고, 마침내 오늘에 이른다. 한민족이다.

뛰쳐나간 호랑이 유형들은 地의 성장을 주도한다. 지금까지의 세계 역사가 그렇게 진행되어 왔듯 地는 대립이며, 솟구치는 힘이며 지배의 논리이다. 국가를 최대 성장의 크기로 만들기 위해 무한한 자기 확대로 제국을 꿈꾸지만, 세상을 하나로 만들지도 못하고 그리 오래 지속되지도 못한다.

로마 제국, 영국 등 나름 자기 세력을 과시했지만, 지금의 상태를 보라. 힘이 빠져 지친 모습이다. 미국에서도 그 피로감이 보인다. 모두 다 어떤 한계에 봉착한 느낌이다. 이제 더 이상 地의 논리로는 이 세상을 풀 수 없다.

이제 人의 시대이다. 人은 앎[識]이며, 분별이다. 환웅 시대를 거쳐 地의 성장으로 빚어 놓은 이 세상의 모든 지식들, 우리가 융합하여 새롭고 바른 분별로 새로운 삶의 틀을 제시할 때, 세상은 하나 되어 새로운 도약의 길을 걸을 것이다.

처음 우리의 환웅이 뿌려 놓은 홍익의 정신을 긴 기다림 끝에 이제 그의 후손인 우리가 완성해야 할 때가 온 것이다. 그러기 위해 먼저 우리는 천손임을 자각하고 우리를 일으켜 세워야 한다. 이는 다른 민족에 비해 뛰어나다는 선민사상이나 우월사상을 뜻하는 것이 아니라, 우리가 이 세상을 위해 해야 할 일을 강조하기 위함이다.

세상은 우리의 홍익 사상을 받아드릴 수 있을 정도로 성숙해 있다. 새로운 바른 법으로 환웅의 조직체가 그랬듯이 세상을 다시 가르치기 시작할 때 비로소 세상은 하나 되어 조화롭고 행복한 곳으로 바뀔 것이다. 이것이 바로 홍익인간 이화세계이다.

국가는 힘의 논리로 운영된다. 이 힘은 지배나 억압의 논리로서의 힘이 아니라 무엇을 할 수 있는 역량, 능력으로서의 힘이다.

첫째로 자기 국민을 다른 외부 것으로부터 지킬 수 있는 국
방의 힘

둘째로 국민들이 편히 먹고 살 수 있는 경제의 힘

셋째로 국민을 소통시키고 통합할 수 있는 힘

넷째로 국가를 이끌고 나갈 미래 청사진이 있는 지혜의 힘

　국가는 이 네 힘이 균형·성장하도록 설계되어야 한다. 어
느 하나라도 부족할 때, 그 국가는 온전할 수 없고 발전할 수
도 없다.

　지식인은 바로 이 네 번째 지혜를 담당해야 하는 부류다.
나라가 어떤 어려움에 직면했을 때 그것을 해결할 수 있는
지혜를 제공하기 위해 공부하는 존재이어야 한다는 뜻이다.
그런 역할을 할 수 없다면, 그 존재의 의미는 없는 것이다.

　조선의 지식인 주류 유학자들은 자신들의 지식을 이용하
여 자신들만의 세상을 만들었다. 오직 경제의 힘만을 움켜쥐
고 아무런 책임도, 의무도 지지 않는 이미 국가임을 포기한
국가를 운영이라고 하고 있었다. 책임은 왕이 지고 온갖 의
무는 백성이 지는, 사대부는 입만 갖고 온갖 특혜를 다 갖는

오직 사대부만의 나라 조선.

거기엔 백성을 지켜 줄 국방도, 백성을 이끌어 줄 지혜도 없고, 공부 뒤에 감춰진 사대부의 위선과 탐욕만이 이글거리고 있었다. 이처럼 조선에서 펼쳐진 모든 굴욕의 역사는 바로 지식인들, 소위 배웠다는 사람들이 자기 역할을 하지 못했을 때 일어날 수 있는 모든 것이라 보겠다.

그러나 그런 역사가 단지 지나간 과거의 역사만이 아니라는 점이 문제다. 온갖 불합리 속에서도 왜 그런 현상이 계속 지속되는가. 이름만 바뀌었지, 조선은 계속되고 있다. 어떤 특권 계층이 존재하고 그들은 온갖 혜택을 누리지만, 의무는 지지 않으려 한다. 그들은 한국의 단물을 다 빨아만 먹지, 책임을 지지 않을뿐더러 무시하기까지 한다.

東夷(동이)족을 'eastern barbarian'이라고 번역하고도 부끄러운 줄을 모르는 명문대 교수들. 무엇이 잘못된 줄도 모르고 자기들의 역사를 남의 나라 역사 보듯 비하하는 학자들이 대학 강단에서 학식 있는 학자로 잘 먹고 잘 살아가고, 백성들은 그런 특권 계층을 부러워하고 그들이 못 되어서 안달하는 한, 이런 현실은 앞으로도 쭉 계속될 것이다.

그래서 식민사관의 패악을 말하는 것이다. 한자 夷(이)에 어찌 오랑캐라는 뜻만 있는가. 자신의 조상을 이야기하는데, 아무런 거리낌 없이 '야만인'이란 말을 하고도 왜 부끄러운 줄을 모르는가. 뭔가 잘못됐다는 생각은 안 드는가.

자신의 조상을 이야기하는데 여러 가지 뜻 중에 가장 나쁜 것을 선택하는 심리는 무엇인가. 그리고 또 후손에게 너희 조상, 나아가 부모는 야만인이었다고 아주 떳떳하게 가르치고 강조하듯 시험에 내는 이런 현실은 또 무엇인가.

'夷'는 大(대)와 弓(궁)의 합성어로 '활을 잘 쏘는 큰 사람', '위대한 사람'이란 뜻이며, '東夷'란 '동쪽에 사는 위대한 민족'으로 번역하면 누가 잡아 죽이기라도 한단 말인가?

이런 암적인 지식인들이 활개를 치고 백성들이 이들을 옹호하는 한, 나라의 앞날은 밝지 않다. 임진왜란 병자호란을 겪고도 고치지 못한 병적인 작태들.

나라를 팔아먹고도 계속 부귀영화를 누릴 수 있는, 이 세상에서 가장 특이한 나라의 국민으로 살아가며, 우리 국민은 진짜 새끼를 죽인 가짜 새끼를 부지런히 쎄가 빠지게 먹여 키우는 바보 같은 어떤 새가 아닐까 생각해 본다.

지금의 체제에서 바른 나라를 만들기 위해서는 먼저 국민 각자가 바른 선택을 해야 한다. 나와 관련된 작고 막연한 이익이 아니고, 크고 확실한 이익을 선택해야 한다. 왠지 그런 분위기에 휩싸이지 말고, 아는 대로 행해야 한다. 선택하고 싶지 않을 때 거부할 줄도 알아야 한다.

현재 우리나라는 경제의 힘은 어느 정도 되는 것 같다. 그러나 그 외의 힘은 지극히 미약하다. 미시적 힘이 미약한 것이 아니라 통합되질 못한다. 국가는 모든 미시적 힘들이 통합되어 운용되는 것이다.

서양에서 국가가 성립할 때 강력한 왕권이 등장하는 이유다. "짐이 곧 국가다."라는 말로 상징되는 절대 왕정이 그 실례인 것이다. 국가는 강력하게 국민 각각의 힘을 통합할 수 있는 절대적 권위의 구심점이, 국민 개개인의 입을 닫게 할 수 있는 절대적 권위가 반드시 필요하다.

진시황이 중국을 통일하면서 추구했던 것들, 분서갱유를 일으키면서까지 유학자들을 처단한 이유, 일본이 역사를 왜곡하면서까지 만든 천황의 권위. 이 모든 것이 국가의 절대적 구심점을 만들기 위한 노력이다. 아무도 토를 달 수 없는 이런 절대적 권위 없이 국가는 통합되질 않는다. 이방원이 신하들을 모두 죽이면서까지 만들고자 했던 왕의 권위 그 밑바탕 위에 세종대왕이 설 수 있었던 것처럼 말이다.

신라가 외세의 힘을 빌려 통일한 후로 우리나라는 나라의 힘을 통합시킬 수 있는 구심점이 소멸돼 왔다고 말해도 지나치지 않다. 조선 사대부가 맹자의 역성혁명을 자기들에게 유리하게 풀어 자기들 이익에 맞지 않는 왕을 암살하거나 반정 형식으로 갈아 치우면서 그 소멸의 극점을 찍었다고 볼 수 있다.

에너지를 내는 두 가지 방식이 있다. 핵융합과 핵분열이다. 똑같이 에너지를 내더라도 말에서 느껴지는 것같이 '분열'에 의한 에너지는 파괴의 에너지요, '융합'에 의한 에너지는 상생의 에너지다.

지금껏 우리는 분열에 의한 파괴의 에너지만을 사용했다 볼 수 있고, 따라서 국민의 힘은 분산될 수밖에 없었고 그 결과가 지금 우리의 모습이다. 이제 나라를 바로 세워 세계에 한목소리를 내기 위해서는 국민의 통합이 필요하고, 그 통합을 위해 어떤 절대적 권위가 필요하다.

우리의 첫 번째 숙제는 바로 어떻게 그런 권위를 가진 위치를 만드는가에 있다. 모든 국민이 인정하는 권위, 모든 국민이 입을 닫고 고개를 숙일 수 있는 절대적 권위를 어떻게 만드는가가 우리 통합의 관건이다.

그러기 위해 우리는 먼저 역사를 바로 알고 바로 써야 한다. 우리의 역사 역시 흩어지고 소멸하는 역사였다. 신라가 통일하면서 당나라와 신라에 의한 1차 역사 기록의 소멸이 있었고, 일본에 의한 2차 대대적인 역사 기록의 소멸과 함께 역사 왜곡이 있었다. 이렇듯 기록이 소멸됨으로써 우리의 역사의식 또한 희미해져 간 것 같다.

이렇게 타의에 의해 역사 기록이 소멸된 상태에서 역사 기술에 실증주의를 논한다는 것은 정신 있는 학자가 할 소리는 아닌 것이다.

기적적으로 남은 기록으로라도 역사를 재정비하면, 세계에 흩어져 있는 우리 역사의 기록들이 다소 변형된 형태로라도 드러날 것이고, 그것을 통해 우리 역사의 원형을 복원할 수 있을 것이다. 중요한 것은 우리가 우리 자신이 누구임을 자각하고 무슨 일을 해야 하는가를 똑바로 알고 우리를 바로 세울 때, 우리의 역사는 스스로 찾아와 우리와 함께 용솟음 칠 것이다.

세계적으로 국가 형태는 거의 완성됐다. 대한민국도 이미 국가다. 그런데 새삼 지금에 와서 구태여 국가를 다시 언급하는 것은 지금의 우리나라는 새로운 시대를 맞이하는 국가 형태로는 미흡한 점이 있기 때문이다.

그래서 역사를 이야기했고, 우리의 진정한 역사를 토대로 새 시대를 맞이하는 우리 한민족의 정서에 맞는 우리 한민족의 국가 형태를 만들어야 하는 것이다. 우리의 조상 환웅이 우리에게 제시한 홍익인간의 이념을 바탕으로 국가를 재정비하여 우리가 자랑스럽게 세계로 뻗어 나갈 때, 우리는 더 이상 조상에게 부끄럽지 않은 후손이 될 것이다.

세계는 새로운 도약의 기로에 서 있다. 국가를 형성하기 위한 힘의 논리로는 더 이상 세계를 이끌 수 없다. 하나의 시작으로서의 天, 地가 이미 성장을 다한 이 시점에서는 새로운 天을 위하여 방향을 틀어야지, 무한한 자기 증식과 확대를 통해서는 파괴만을 불러올 뿐 더 이상의 발전은 없다. 금

융시스템을 비틀어 짜 만든 소비 확대로 인한 발전도 지금은 양적 확대, 즉 거품만 이룩할 뿐 질적 변화를 유도하지는 못한다.

이제 세계는 세계를 하나로 묶는 새로운 틀이 필요하다. 이 세계를 하나로 묶기 위해서는 이 세계 밖의 좀 더 큰 세계를 전제로 하지 않으면 안 된다. 나를 나로 인식하기 위해 나 밖의 세상이 필요하듯이 이 세계, 즉 지구를 하나의 틀로 인식하기 위해서는 지구 밖 우주가 우리의 인식 세계로 들어와야 한다.

지구 안에서는 우리가 서로 다른 나라로서 경쟁도 하고 갈등을 야기하고 싸움도 하겠지만, 지구 밖에서 보면 우린 모두 하나로 지구인이다. 거기에 무슨 차별과 다름이 있겠는가? 지구 안에서의 발전은 이미 한계에 도달했다. 이제 우리는 지구 밖 우주를 염두에 두지 않으면 안 된다. 이미 우주는 낯설지 않다.

그러나 지금처럼 나라 별로 각각 우주 개발을 하는 데는 생각을 달리해야 한다고 본다. 지구 안에서처럼 국가 별로 각자 능력에 맞게 우주를 접근해서는 비용도 천문학적이지만, 투자한 만큼 바라는 바를 얻을 수 없을 것이다.

우주를 대전제로 지구의 국가들을 하나로 통합하는 틀을 만들어 새로운 체제를 도입하고, 각각의 국가는 그 틀에 맞게 다시 정비하여 새로운 질서를 만들어야 한다. 그리하여 우리 지구인이 하나 되어 하나의 조직체로서 우주로 나아갈 때, 우리는 도약할 것이고 지금까지와는 비교할 수 없는 엄청난 발전을 이룩할 것이다.

우리 지구에는 여러 민족이 산다. 각 민족은 민족마다의 특징이 있다. 그 특징에 따라 제각기 하는 역할이 다양하다. 이제는 민족의 우열을 논할 것이 아니라, 민족의 특징에 맞는 역할로 지구를 어떻게 통합할 것인가를 생각해야 할 때이다.

우리 민족은 지구에 만연해 있는 모순과 문제점을 해결하고 통합의 틀을 만들어, 새로운 도약의 길을 가는 데 그 중심에 서야 한다. 그래야 비로소 지구는 조화롭고 평화롭고 행복한 지구로 거듭날 것이다.

(2) 국가와 사회

우리는 경제 사회의 문제를 논할 때, 불평등의 문제를 이야기한다. '국가에 속해 있는 경제의 생산·분배·소비에 있어서 평등한 상태'를 '정의롭다'고 한다. 그래서 살 만한 나라는 으레 복지를 말한다. 대부분 복지는 저소득층, 평등하지 못하다 여기는 계층에 대해 거의 조건 없이 증여하는 방식으로 펼쳐진다.

그러나 과연 그렇게 해서 평등한 사회가 될 수 있을 것이며, 설사 평등한 사회를 만들었다 하더라도 그런 평등한 상태가 바람직한 것이냐에 있어서는 나는 생각을 달리 한다. 복지 정책이 선심성 복지로 나아갈 때, 그것은 밑 빠진 독에 물 붓기이며 바람직한 경제 효과는 보지 못할 것으로 본다.

자칫 잘못되면 '일하지 않고도 노력하지 않고도 먹고살 수 있는 나라'가 복지국가로 정의될 수 있고, 그렇게 되면 국가의 근본이 흔들릴 수 있다.

돈이 통합되면, 그 크기가 형성되고 이는 '자본'이라 불리며 힘을 발휘한다. 돈은 자본이 됐을 때부터 능력이 되지, 흩어지면 그저 푼돈에 불과하다. 잔돈은 소비용이지 생산용은 아닌 것이다.

세금의 형태로 국가에 집결된 돈, 즉 자본을 선심용으로 흩어 버린다면 그것은 세금을 낸 국민에 대해 배임 행위가 아닌가 생각된다.

돈은 결코 모이기 쉬운 것이 아니다. 그러나 한 번 모인 돈은 활용하기에 따라 확대 생산되며, 엄청난 시너지 효과를 발휘한다. 그런 시너지 효과를 기대하며, 물론 자발적이진 않지만 국민은 세금을 내는 데 동의한다고 볼 수 있다.

현재 거의 모든 나라의 복지 정책은 생산이 동반되지 않는 소비형 정책이 대부분이며, 이것이 또 다른 사회 모순을 낳고 악순환을 일으켜 국가를 위태롭게 하기까지 한다.

세금은 국가의 발전을 유도해야 하는 자본이다. 국가의 네 가지 힘이 조화롭게 커 갈 수 있게 윤활유가 되어야 하는 자본이다. 이런 중요한 돈을 소비하듯 사용해서는 안 된다.

불평등한 사회를 모순으로 보고 평등화하는 작업들이 과

연 사회에 선순환을 일으킬 것인가는 자연 이치에 비추어 볼 때에도 아닌 것 같다. 물은 높은 데서 낮은 데로 흐른다. 높낮이가 없다면 물은 흐르지 않고 머물러 있으며, 머물러 있는 물은 썩는다. 그런 높낮이를 불평등으로만 볼 것인가. 전기도 전압차가 있을 때 흐르고, 그 흐름을 통해 우리는 많은 것을 얻을 수 있다.

사회의 불평등은 사실 '다름'의 다른 표현이다. 힘의 크기가 다르고, 능력의 크기가 다르다. 다름이란 표현에는 가중치가 없으나 불평등이란 표현에서는 어느 쪽에 대한 가중치가 있는 것이다. 어느 편에서 다른 편을 보았을 때 그 차이를 불편하게 느끼는 표현 방식이다.

사람마다 갖고 있는 조건이 다른데, 차이가 존재하는 것은 당연한 결과가 아닐까. 다름은 그 구성원들 간의 소통과 흐름을 위해 필요한 것이다. 문제는 불평등 그 자체에 있는 것이 아니고, '그 불평등의 차이를 구성원 당사자가 어떻게 느끼고 어떻게 규정하느냐'인 것 같다. 그것에 따라 그 불평등을 어떻게 해결하느냐가 결정된다.

더 큰 것을 가진 쪽에서 단순한 위치 이동으로 평등을 만들 것이냐, 아니면 가진 쪽의 힘을 어떤 새로운 세상을 개척하는 데 쓰면서 반작용으로 못 가진 쪽의 위치를 상향 조정할 것이냐. 어차피 사회가 불평등할 수밖에 없다면 그것을 어떻게 유도하여, 즉 어떤 성격의 불평등을 만들어 좋은 흐름을 만들 것인가를 연구하는 것이 더 바람직하지 않을까 생각해 본다.

불평등한, 차이가 있는, 다름이 있는 세상이 그 구성원들에게 새로운 기준과 목표 의식을 심어 주고, 그것을 성취하기 위한 노력 속에서 서로가 상생하며 삶의 의미와 행복을 느낄 때, 그 불평등한 세상은 다름으로써 조화로운 세상이 될 거라는 생각을 해 본다.

국가의 체제는 自治(자치)가 중요한 것이 아니고, 네 가지 힘에 소속되어 역할을 하는 국민이 자기의 역할을 충분히 마음껏 할 수 있도록 문제점과 모순과 부조리를 제거하고, 국민이 자기 분야에서 자기의 역량을 키울 수 있도록 기반을 만들고 정보를 수집하여 제공하고 이끌어 주며 방향을 제시하는 역할을 하도록 만들어져야 한다.

정치는 밖에서 안을 조율하는 것이지, 안에서 안을 조율할
수는 없다. 자치는 안에서 안을 다스리는 것인데, 힘의 위치
이동만을 할 뿐 성장과 방향 제시는 할 수 없다.

人은 天地의 밖에 있는 것이다. 그래서 천지를 조율하고 완
성시키고 나아가 변화시킬 수 있는 것이다.

한 분야의 전문인이 자기 분야를 벗어나 전체를 통합하고
조화로운 기준을 찾는다는 것은 결코 쉬운 일이 아니다. 그
래서 인간의 문명이 시작한 시점에서부터 종교가 발달한 이
유이기도 한다.

종교는 생업을 가지지 않는다. 어느 한 분야의 전문가가 아
니다. 생업을 가진 국민의 힘으로 존재하지만, 생업을 벗어난
밖의 시점에서 국민을 조율한다. 그것이 정치다. 고대 사회의
시작이 바로 제정일치로 시작하는 이유이기도 하지 않을까.
그 조율이 권위를 갖기 위해 신의 이름을 빌리는 것이며, 인
간의 지식이 미천할 때 天의 人적 요소인 신의 도움을 영감
이나 계시 형대로 받은 것도 부인할 수는 없다.

그러나 지금은 신이라는 이름에 복종할 만큼 인간은 무지

하지 않다. 종교는 일종의 지식인 집단이다. 그들은 생업에 종사하지 않으면서 지식을 쌓고, 생업에 종사하는 국민의 문제점을 해결하기 위해 지혜를 갈망했던 것은, 그것만이 그들이 국민의 뒷받침을 받아야 하는 정당한 이유이자 본분이었기 때문이다.

지금은 종교만이 그런 역할을 하는 것은 아니다. 인간이 발전하면서 대학을 만들었다. 그것은 인간이 지식을 쌓아 감에 따라 구태여 '신'이라는 권위를 빌리지 않더라도, 지식을 공유함으로써 합의에 의한 체제 속에서 그 역할이 가능해졌기 때문이다. 이에 국가 스스로가 그 기능을 수행해야 하므로 소통과 통합의 힘이 필요하게 된 것이다.

지식인은 한 분야의 전문가를 말하지는 않는다. 전문가는 한 분야의 지식만을 가지고 있는 사람을 말한다. 이에 반해 진정한 지식인은 모든 분야의 지식을 섭렵하고 그 지식들을 통합할 수 있는 자연의 이치를 깨달아 생업에 종사하는 국민들의 나아갈 바를 제시해 주는 사람을 말한다. 과거 종교인 수행자 철학자 등이 그 기능을 행했다 볼 수 있다.

대학은 이런 지식인을 키우는 요람이어야 하는데, 한 분야의 전문가를 키우는 곳이 되어 버렸다. 요즈음 정치를 하는 사람들을 보면 변호사가 대부분이다. 변호사는 기존의 법 조항이 누군가에게 유리하게 적용되도록 힘을 보태 주는 역할을 업으로 하는 사람을 말한다. 이른바 생업 종사자이다.

생업종사자는 사회의 어느 한 분야에 가중치를 갖고 있는 사람들이다. 그런 한 분야의 전문가들이 국가 전체를 조율한다는 자체가 모순이지 않을까. 정치는 한 분야를 뛰어넘어 전체를 조망할 수 있는 자가 해야 한다.

국가는 국가를 이끌고 나갈 가장 큰 이념으로 큰 틀을 만들고, 네 가지 힘을 유지하고 키우기 위한 기능을 할 수 있는 사람을 선별하여 교육시키고 육성할 수 있는 체제를 이끌어내야 한다. 국가를 이끌고 나가기 위해서는 많은 분야가 있고, 그 분야에는 적당한 인재가 육성되고 배치되어야 한다. 일반적이고 획일적인 교육으로는 그 수요를 담당할 수 없다.

그리고 최대의 문제는 진정한 지식인을 키우는 과정이 전무하다는 점이다. 전체의 지식을 아우르는 그리고 어느 분야에도 소속되지 않는 진정한 정치인 없이는 발전을 장담할 수 없다. 과거에 종교가 그 기능을 담당했으나 완벽하지도 못했고, 지금은 그 역할이 이미 퇴색되었을 뿐만 아니라 오히려 세속보다 지식수준이 더 떨어지는 집단이 되었다.

지금 우리나라는 한 분야 전문 지식인이 인구 대비 너무 많다. 과잉 생산된 것이다. 교육받고 키워진 인간도 일종의 생산물이다.

공급이 넘치니 가격이 떨어져야 하지만, 차별화를 통해 이중 구조의 가격이 형성되어 있다. 공급을 줄이든가 수요를 증대시켜야 하는데, 구조 자체가 공급은 계속 늘어나는 추세고 수요는 정체되든가 감소되는 추세이니, 좋은 정점을 찾을 수 없다. 우리 국민 자체가 배우기를 좋아하는 성향이니 그좋은 특징을 없앨 수는 없고, 방법은 시장을 넓히는 수밖에 없다.

인간 수출! 세계를 무대로 필요한 지식 시장의 판도를 파악하여 거기에 맞는 전문인을 수출하는 것이다. '이민'이란 말도 좋고 '귀화'라는 말도 좋다. 그곳에서 뿌리를 내려 그곳에서 새로운 한민족의 역사를 써도 좋을 것이다.

최근의 좋은 예를 하나 보았다. 안현수, 그는 그를 필요로 하는 곳에 가 자신의 기량을 마음껏 펼쳤다. 우리 한민족은 더 이상 대한민국이라는 국가에 연연하지 말자. 그가 어디에 있든 그는 한민족이다. 대신 우리말을 잊지는 말자. 우리말은 우리를 우리로 묶는 끈이다.

우리는 우리 스스로가 바보짓을 하지 않는 한, 어느 누구도 넘보지 못하는 민족이다. 이제 우리는 하늘의 이념을 갖고 사는 천손임을 깨달아, 어느 누구에게도 고개 숙이지 않는 떳떳함으로 다른 것을 참고는 하되 치우치지 않는 자생적 기준과 사상으로 우리를 일으켜 세워, 세계를 가르치는 민족으로 거듭나야 할 것이다.

(3) 종교 : 불교 유감

불교가 우리나라에 들어와 자리를 잡은 지도 천 년이 훨씬 넘는다. 그 오랜 세월 동안 그마만치 전폭적인 지지를 받고도, 과연 불교는 그 밥값을 했는가. 그동안 불교는 과연 무엇을 하고 있었나.

우리 국민이 주체성 없고 흐리멍덩하고 의존적이면서도 합치지 못하는 정신 상태를 갖게 된 데는 이 불교의 영향이 크다.

지식은 조건에 맞게 생산된다. 따라서 어떤 지식이든 자기 토양에 맞게 삶을 개선시키는 방향으로 적용돼야 하며, 그 역할을 지식인이 해줘야 한다.

종교는 인간 삶의 문제 해결 기관이다. 인간이 어떻게 할지 모를 때, 무엇인가를 알고 싶을 때, 어떤 선택의 기로에서 신탁의 형태든 계시의 형태든 성령이든 영감이든 온갖 형태로 그 답을 종교는 인간에게 제시해 왔다. 이 모든 형태는 가르침이었다 말해도 좋다.

종교는 신의 숭배, 부처의 숭배가 목적이 아니라 우리 인간의 문제를 해결해 주고 방향을 제시해 주는 보답으로 존경을 표하는 방식이 맞다. 그리하여 인간 역사의 처음에 종교는 많은 기능을 하였다. 하늘과 인간, 인간 서로 간의 소통, 정치, 심리치료사, 의사 등등······.

인간의 앎이 성숙해짐에 따라 한 분야, 한 분야가 인간의 실생활 속에 직업의 형태로 자리 잡아 간다. 인간 스스로가 그 역할을 할 수 있게끔 성장했다는 뜻이다.

그러나 지금까지도 종교가 존재하는 것은 존재할 만한 가치가 있기 때문이다. 인간 생활에는 여전히 모르는 것이 있고 여전히 풀어야 할 문제들이 계속 일어나고 생활 속에서 그것을 잘 다룰 수 없기에, 생활 밖에서 그것들을 객관화시켜 총체적으로 파악할 수 있는 다른 시각으로 종교는 항상 존재해 오고 있는 것이다.

우리가 종교를 어떻게 바라보든, 종교는 그런 기능을 수행해 왔다. 먼저 살아가야 할 방식을 제시하고 잘 살아가도록 유도하고, 문제가 발생하면 그 원인을 파악하여 해결하고 또 새로운 방식을 적용해 보고 몇 걸음 앞에서 인간을 이끄는 기능들을 말이다.

　서양의 중세를 흔히 '암흑시대'라 말한다. 그러나 천만의 말씀이다. 서양의 중세는 '지식 숙성의 시기'였다. 먹고살기 위한 경제 활동에서 벗어나 교회를 중심으로 그동안의 인간 앎의 축적인 지식의 재정비 작업이 이루어졌다. 그리스·로마로부터 죽 이어 온 인간의 지식들이 '신'을 구심점으로 통합되어 체계화되고 조직화되었던 것이다. 인간 조직의 天이 성장할 동안 地와 人이 조용히 있는 것은 당연한 처사일 것이다.

　이리하여 '가톨릭(기독교)'이라는 나름대로의 보편타당한 지식 체계가 완성되어, 이제 그 힘이 확산되기 시작한다. 기독교는 예수의 종교가 아니라 중세 시대 인간의 지식을 체계적으로 조직화한 수도사들의 종교다. 단지 구심점을 신의 인간화한 예수로 상징했을 뿐이다. 기독교는 서양의 정신세계를 하나로 묶는 데 성공했다. 기독교를 중심으로 하나로 인식될 수 있는 세계를 만들었던 것이다.

　나침반에 의한 해양 기술의 발달로 신대륙이 발견되어 地

의 성장을 이루었고, 인쇄술의 발달로 지식의 확산이 일어나
人의 성장을 도왔다.

이렇게 민족을 중심으로 한 국가의 형태로 완성이 되었다.
숙성된 지식이 성장한 경제의 힘과 결합되면서 일반인을 대
상으로 한 대학이 세워지고, 엄청난 속도로 지식을 일반 대
중들에게 확산시키며 인간 문명을 획기적으로 발전시켰던
것이다.

그러나 성장한 힘이 방향을 틀지 못하고, 즉 새로운 天을
만들지 못하고 제어되지 않는 힘의 확산인 '제국주의'로 치달
아, 결국 오늘날의 침체기를 맞이하게 된 것이다.

동양이 서양에게 질 수 밖에 없었던 원인을 수학이나 과학
적 사고의 부족으로 드는 사람이 꽤 있다. 그러나 그것은 아
니라고 본다. 우리에게도 우리 방식의 수학·과학적 사고가
있었다. 그것이 없었다면 천문학 및 그 밖의 학문이 발전할
수 없었을 것이다. 우리 고대는 서양보다 훨씬 앞선 학문의
전통이 있다. 단지 우리가 지금 우리에 맞는 지식으로 변환
시키지 못하는 무능함이 있을 뿐이다.

우리가 서양에게 질 수 밖에 없는 원인은 첫째 소명의식,

둘째 엄격한 상벌의식의 부재라고 본다. 동양에서 서양에게 뒤지지 않은 유일한 나라 일본을 살펴보면, 이 두 가지 의식이 국가를 어떻게 강하게 하는가를 알 수 있다.

일본에서의 이 두 의식은 신을 매개로 하지 않는다. 일종의 생활 철학으로 정착되었다고 본다. 그들은 사회와 국가의 유지·발전을 위해 개인과 가정이 어떤 역할을 해야 하는지를 잘 알고 있는 것 같다.

일본은 지식의 자기 소화력이 대단하다. 어떤 지식도 소화하여 자기화한다. 지식을 방만하게 운영하지 않고 헛된 꿈을 꾸지 않는다. 더구나 지식을 출세의 수단으로 사용하지 않는다. 지식인들은 소화하고 자기화한 절제된 지식을 대중에게 생활 철학의 형태로 보낸다. 대중은 그 뜻을 받아 자기 역할을 하는 것이다.

일본은 가업을 중시한다. 장남은 가업을 유지해야 하는 책임이 있다. 아무리 박사라 해도 가업이 국수 만드는 일이라면 박사로서의 직업을 그만두고 국수를 만든다. 하는 일을 유지시켜야 한다는 의무감이 강한 것 같다. 자기가 하는 일에 자부심이 없이는 불가능할 것이다.

상벌문제에 있어서도 하늘을 기다리지 않는다. 잘못을 하고 수치심을 느끼면, 바로 자기 스스로 벌을 내린다. 할복하는 것이다. 분수에 걸맞은 삶과 잘못을 했을 때 구걸하지 않고 사회를 위해 스스로를 제거할 수 있는 엄격한 상벌의식이 일본을 강하게 만든 것이다.

우리는 굴욕의 역사를 가지고 있다. 그 역사를 통해 배우는 것이 없다면, 우리는 헛된 시련을 겪은 셈이다. 왜 일본에게 당할 수밖에 없었는지 깊은 성찰이 있어야 한다.

잘못의 주체는 일본이 아니라 우리다. 우리가 뭔가를 잘못했기에 당한 것이다. 그 뭔가를 찾아 고쳐야 한다. 혹시라도 헛된 자만심은 없었는지…….

서양은 신을 중심으로 한 세계다. 신을 중심으로 엄격한 질서가 형성되었고, 신의 힘은 절대적이다. 신의 뜻을 어기는 사람은 가혹한 심판이 내려질 것이라 믿는다.

양쪽 어느 곳에나 신분 질서는 있었다. 그리고 다양한 직업으로 전개되었다. 그런 일을 함에 있어서 서양에서는 신이 자신에게 부여한 일이라는 소명의식이 있어 자신의 분야에 최선을 다해 최고가 되는 것이 신의 일을 완성하는 것이라는 생각을 가지고 일했으며, 그것이 장인 정신으로 자본의 형태로 나타나기 시작하면서 스스로 힘을 발휘하기 시작한 것이다.

그러나 우리에게는 소명의식이 아니라 천민의식이 자리 잡고 있었다. 자기가 하고 있는 일에 대한 자부심이 전혀 없고, 마지못해 하는 경향이 아주 많다.

양반을 제외한 다른 백성은 어떤 자부심을 갖게 하는 제도적 틀이 없이, 그저 억압당하고 착취당하고 무시당하는 구조만이 존재했기 때문에 발전하는 어떤 動因(동인)도 스스로 만들 수밖에 없었고, 그것마저 노출되면 반역이라 처단받는 지경에, 힘을 키울 수도 없었다. 인재를 존중하고 발견해 키우는 체제가 아니라, 있는 인재도 축복이 아닌 저주로 취급받는 시대에 살고 있었던 것이다. 우리에게 남아 있는 아기장수 설화는 그 단면을 잘 보여 준다.

유일한 방법은 과거에 급제하여 양반이 되는 것밖에 없었다. 그리하여 양반이 되면 그동안 받은 분풀이를 하는 것이다. 조선의 양반계급은 백성을 이끄는 지식인이 아니라 소비

인에 불과했으니, 힘의 축적이 될 리 없었다.

서양은 잘못을 하면 벌을 받는다는 두려움이 있다. 가장 무서운 공포는 '지옥'이다. 잘하는 것은 '선'이며 못하는 것은 '악'으로 엄격한 양분적 구조와 함께 악으로 상징되는 '악마'를 가장 싫어한다.

죄를 지으면 교회에 가 어떤 죄를 지었다고 고백을 하고 그에 상응하는 벌칙을 수행하며, 더 이상 같은 죄를 짓지 않으면 더 큰 벌을 받지 않고 천국에 갈 수 있다는 믿음이 있다. 그리하여 죄를 짓지 않으려는 노력을 항상 하고 있다.

그럼, 우리를 보자. 우리는 뭔가 잘못을 해 어려워지면, 그것을 죄라 인식하지 않는다. 단지 '재수가 없다'라고 생각하며 피하려 하고, 그에 대한 한 방편으로 절에 간다. 어려움에서 벗어나는 방법을 물으면, 잘못을 깨닫고 고치라고 하지 않는다.

대신 부처님에게 빌라 한다. 결국 능력 있는 부처님에게 사바사바해서 벗어나라 가르치는 것이다. 사바사바하는 데 돈 없이 하지는 않는다. 설사 잘못을 해서 지옥에 갔다 하더라도 부처나 보살의 가피력으로 꺼내 오면 되는 것이다. 그 지옥을 벗어나는 데는 지옥에 간 사람의 자기 성찰이나 반성은 어디에도 없고, 그냥 벗어나는 것이다.

인간이 어떤 문제로 종교에 해결 방법을 물었을 때, 그 해결 방식에 따라 인간들의 의식 수준과 그 구조가 달라진다. 따라서 이런 방식의 가르침은 문제 해결을 주체적으로 하는 대신, 남에게 의지하는 의존성을 키우는 법을 가르치는 것으로 자기들이 사람들에게 무엇을 가르치고 있는 것조차도 모르는 것이다.

이런 방식은 사회에 나가면 죗값을 치른다는 생각보다는 '유전무죄 무전유죄'라는 식으로 억울하다는 사고를 생산한다. 모든 불합리한 것을 원인을 파악하여 고치는 것이 아니고, 힘이 있는 어떤 자에게 의존하여 해결하려는 풍토가 조성되는 것이다.

여기에는 문제 해결에 있어서 주체성은 조금도 찾아볼 수 없다. 이 때문에 나라에 문제가 발생해도 아주 쉽게 외국에 의존하는 성향이 자연스럽게 형성되는 것이다. 이런 의존 성향은 우리나라의 기독교 전도 방식에서도 보인다.

기독교의 철저한 윤리나 교리로 전도하는 것이 아니라, 예수를 믿기만 하면 천당에 가고 좋은 모든 것은 예수가 다 해준다고 전도한다. 그저 믿기만 하면 된다는 식이다. 본질을 벗어난 가르침임에도 불구하고 우리는 좋다고 믿는다. 이런저런 기적을 예수가 자기에게 일으켰다 간증하며, 믿으면 모든 것이 해결된다고 한다.

이것이 지금 우리 의식 수준의 현실이다. 불교든 기독교든 해결 방식이 똑같다. 빌거나 믿거나 둘 중 하나다. 어떤 것을 선택하든, 그것은 주체성 없는 해결 방법이다. 그리고 해결되면, 뭔가 선택받은 느낌과 함께 되지도 않는 우월의식이 싹튼다. 비빌 언덕이 있으니 해결을 위한 협동은 의미가 없고, 뭔가 구차하게 느껴지는 것이다.

불교에 그런 자기 성찰이나 반성의 교리가 없는 것은 아니다. 기독교가 많은 수도사들의 연구와 노력의 결과였던 것과는 달리, 불교는 불교의 구심점인 석가모니가 이미 충분히 체계적인 설법을 하셨고 우리에게 전래되었을 때 이미 철학적 체제를 갖추고 있었다.

우리가 하기에 따라 우리는 아주 쉽게 축적된 지식을 활용할 수 있었다. 고려 초에 이미 대장경의 편찬으로 충분한 자료를 확보했음에도 불구하고 그뿐, 그 후 어떤 형태로든 우리에게 맞는 지식 체계로 해석되어 전환되는 과정이 없다. 지금까지도 오랜 기간 불교 국가였다는 말이 무색할 정도로 온 백성을 아우르는 독자적인 철학 체계 하나를 만들지 못하고 중국 祖師禪(조사선)의 아류로 커다란 자부심을 갖고, 大乘(대승) 타령이나 하는 촌극을 벌이고 있는 것이다.

불교 용어들 하나 이해하기 쉽게 해설하지 못하는 지식수준으로, 의견을 통합하여 한소리를 낼 수 있는 조직마저도 미비한 상태에서 최상승을 말한들 무슨 의미가 있겠는가.

요즘은 도리어 외국에서 해설한 불교 서적을 통해 불교를 이해하는 지경이니, 천 년이 넘는 불교 국가가 불교를 역수입하여 가르침을 받고 있는 모양새로 이를 어떻게 설명하겠는가.

종교에는 문제 해결의 분명한 가르침이 있다. 그 가르침은 법의 형태로 드러난다. 법을 설하는 이유는 모르는 것을 분명하게 하기 위함이다. 따라서 우리를 이해시키지 못하고 정확한 기준을 제시하지 못하는 설법은 어떤 의미도, 가치도 없다. 그저 누구의 앵무새에 불과하다.

이제 우리는 종교를 다시 판단해야 한다. 우리에 맞는 현실감 있는 가르침을 주지 못하는 종교는 다시 생각해 봐야 한다.

우리는 세계사 시간에 중세 교회의 면죄부 판매를 두고 비웃은 적이 있다. 요즘 그런 일이 벌어지고 있지 않다고 장담할 수 있는가.

이제 우리가 다룰 수 없는 세계에 너무 간섭하지 말자. 우리가 좋은 말로 천도니 제도니 하지만, 그 결과를 알 수 있는 것은 아니다. 그런 일의 그만 한 정성으로, 차라리 나 자신을 돌아보자. 우리가 어떤 방식으로 문제를 해결하고자 하는 것에 따라 우리의 세상은 달라진다.

서양이 기독교로 하나가 된 것과는 달리, 우리 동양은 불교로 하나 되지 못했다. 물론 기독교로 하나 되기 위해서 로마라는 대제국이 그 전제가 되었음을 무시할 수는 없다.

동양에서는 불교라는 공통분모가 있었음에도 하나 되지 못한 것은, 대승 불교의 실패라고 본다. 소승이니 대승이니 하는 말 자체가 좋은 것은 아니지만, 분별을 위해서 일반적으로 쓰니 그냥 사용하겠다.

대승 운동이 일어난 이유는 서양에서 '종교개혁'이란 이름으로 일어난 운동에서 추론할 수 있을 것 같다. 모든 변화의 양상이 유사성을 띠는 것에 대해 약간의 전율이 느껴진다.

대승과 소승의 차이를 설명하는 데에는 여러 방식이 있으나, 나름의 방식으로 표현하면 '소승'이라 칭해지는 교단의 운영 방식이 재가 신도 위에 군림하는 형태가 아니었을까 추정된다. 따라서 그 운영의 중점을 재가 신도로 돌리는 운동이 '대승'의 형태로 나타났을 것이다.

종교의 존재 이유에 비추어 보면 바른 운동 방식이었다. 그러나 문제는 운동의 구현 방식에 있다. 중생들에게 모두 불성이 있어 부처가 될 수 있고 교단은 그렇게 되도록 도와야 한다는 논리는 좋았지만, 그 방법으로 내놓은 것이 '보살'이라는 슈퍼맨이다. 즉, 중생이 스스로 힘으로 부처를 이루기보다는 보살의 순전한 힘으로 이루는 타력 신앙으로 불교를 변모시켜 버렸다.

'불교' 하면 누구나 '깨달음의 종교'라 한다. 그러나 그 깨달음을 위한 수행 방법을 말하면, 참선 외에는 구체적으로 말하지 못한다. 그 참선도 후에 중국화한 수행 방법이지, 대승 불교 고유의 수행 방법은 아니다.

대승의 전제 이론을 말하면 으레 '空(공)사상'과 '無我(무아)'가 나온다. 그런데 이런 사상이 현실적이고 실천적인 언어로 해석되고 발전되지 못해 대승은 하나로 결집할 수 있는 기준을 상실했고 ,결국 통합되지 못한 다양성과 공허함으로 분열을 초래했다.

중점을 재가 신도들로 돌리는 데는 성공했지만, 신도 스스로의 힘을 키우는 구체적이고 현실적이며 생산적인 방안을 제시하지 못했다는 데서 그 실패 원인을 찾아볼 수 있다.

불교는 거의 완벽에 가까운 이론 체계를 가지고 있다. 단지 쓰지 못할 뿐이다. 쓰지 못하면 아무리 좋은 것이라 할지라도 의미가 없다. 대중 매체의 발달로 불교 본연의 교리에 대한 관심과 학문적 노력이 커가는 것도 사실이나 아직 부족한 점이 많다. 그 관심과 노력 속에서 부처님의 말씀이 생활 속 살아 있는 말로 되살아나길 바란다.

참선으로 상징되는 중국의 조사선이 불교의 탈을 쓰고 불교를 지배한 지 너무도 오랜 세월이 흘렀다. 그 정도의 실험 기간을 거쳤으면 바른 판단이 나와야 하지 않나 생각한다.

처음 시작으로 돌아가, 부처님이 우리에게 무엇을 가르치고자 하셨는지를 생각해 보자. 한방에 부처의 경지에 오를 수 있는 깨달음의 로또 대박을 꿈꾸라 가르치셨는가. 스스로에게 물어보라. 그 대박과 같은 깨달음이 온다 하더라도 그 깨달음의 무게를 감당할 수 있겠는가를.

이 시점에서 내가 말하고 싶은 것은 '八正道(팔정도)'와 '금강경'이다. '一切皆苦(일체개고)'라고들 한다. 그러나 세상 본질이 苦海(고해)가 아니고 나의 바르지 못함이 그리고 그 바르지 못함에 대한 방관적 자세가 세상을 苦海로 만든다고 나는 생각한다. 따라서 세상을 힘든 세상이 아닌 행복한 세상으로 만드는 기본이 되는 가르침이 八正道이다.

팔정도는 괴로움을 푸는 방법이다. 내가 지금 괴롭고 어려운 이유는 바르지 못한 여러 가지 잘못이 쌓여 나쁜 기운으로 뭉쳐 힘을 형성하고 있기 때문이다. 그래서 그 나쁜 기운을 없애는 방법이 팔정도라는 것이다. 모든 나쁜 기운은 나의 행실에서 나온다. 그래서 그것을 점검하여 잘못된 것을 찾는 것이 깨달음이며, 바로 잡기 위해 노력하는 것이 수행이다. 그런 노력을 하다 보면 편안하고 바른 나 자신을 인식하게 될 것이다.

인식 기준인 나를 정립하고, 그다음은 나 밖과의 소통이다. 좀 더 큰 나 자신을 찾는 여정이 시작되는 것이다. 시작에 앞서 그 방법을 묻는 것에 대한 답이 금강경이다. 답은 나 밖의 세상을 대할 때, 나의 기준 나의 잣대로 세상을 보지 말라는 것이다. 그것이 '無我'로 표현된다.

무아는 내가 없다는 뜻이 아니라고 본다. 세상과의 교신은 '나'가 정립된 후다. 그 정립된 '나'는 하나의 기준에 불과하므로 좀 더 큰 틀인 세상을 조그만 나의 틀로 재단하지 말라는 뜻이다. 따라서 있는 그대로의 세상, 또 다른 다양한 기준을 그냥 받아들여 자신을 확대하라 말하는 것이다.

그래서 그 기준은 고정된 기준이 아니라 합의된 기준으로 상황과 환경 등 여러 조건에 따라 변할 수 있는 것이다. 따라서 융통성이 확보되고, 다양하되 어수선하지 않는 조화로운 질서가 만들어지며 그 질서가 '여래장(如來藏)'이라 말하는 것이다.

그런 질서를 충분히 인식하여 활용할 수 있을 때, 나는 선남자, 선여인에서 선지식으로 성장하게 되는 것이다.

이렇듯 다양한 기준은 세상을 바르게 접근할 수 있는 통로가 된다.

주자학이란 단 한 가지 기준으로 나라를 재단한 조선의 문제점을 우리는 익히 알고 있다. 그것은 기준이 아니라 폭력이었다.

선재동자가 만나는 사람들에게 자기 말을, 자기 나름의 판단을 강요한 적이 있었나 보라. 그는 묵묵히 듣기만 하면서 세상을 알아 갔다. 그렇게 함으로써 스스로를 성장시킬 수 있는 것이다.

누가 누구를 구해 주니, 그런 말은 하지 말자. 나를 확대시키는 과정이 나 스스로를 구하는 과정으로 세상이 되어 주는 나 밖의 존재에 대해 고마움을 느껴야지, 자비나 제도 같은 이상한 자만심은 이제 벗어 놓자. 그들은 나를 인식하게 해준 거울이며, 다름으로 행복할 수 있는 나의 조건들이다. 그들은 나와 더불어 좋은 세상의 요소들이다.

깨달음은 天이다. 그것이 말이란 형태로 地화되지 않는다면, 즉 법으로 표현되지 않는다면 알 수 없는 것이 된다. 그것은 내 안의 문제지, 세상과는 상관이 없게 된다.

不立文字(불립문자)의 경지를 우리가 어떻게 인식할 수 있을까. 진정한 깨달음은 불립문자적 세계를 문자의 세계로 변환시키는 작업이 아닐까. 법은 객관적으로 누구나 인식할 수 있는 기준으로 펼쳐져야 한다.

종교가 허황된 것을 말한다는 것은 무식하다는 다른 표현일 것이다. 무식한 것에 홀리는 더 무식한 사람이 되지 않도록 바른 분별력으로 살자. 분명하지 않고 이해되지 않는 것을 아는 척하여 현혹되지 말고, 그 경우에는 판단을 유보하자.

종교는 인간 생활의 문제를 해결하는 최후의 보루다. 그러니 항상 인간 생활을 점검하며 예의 주시해야 한다. 그래서 종교인은 항상 깨어 있어야 한다.

종교의 본분은 신을 모시거나 어떤 절대자를 시중드는 일을 하는 것이 아니라, 하늘과 인간의 중간에서 하늘의 지혜, 자연의 이치를 어떻게 인간의 생활 향상을 위해 활용할 것인가를 연구해야 하는 데 있다고 본다.

따라서 일반인들도 그런 시각으로 종교를 바라보아야지, 종교를 세속 일에 초연한 온실 속의 화초로 여겨서도 안 되고 자기 행복을 구걸하는 장소로 여겨서도 안 된다.

(4) 가정에 관하여

나는 아무 일도 하지 않고 살지는 않는다. 무슨 일인가는 한다. 그것은 태어난 이상 의무처럼 행해진다. 태어나면서 갖게 되는 위치로 인한 역할들이다. 맨 처음 갖게 되는 위치는 '자식'이라는 것이다.

어느 누구도 예외는 없다. 부모를 모른다 하더라도 그 누구의 자식인 것만은 지금의 체제 아래에서는 부인할 수 없다. 자식의 역할로부터 우리는 나 아닌 세계와 교류를 시작한다.

자식의 역할이 어떤 것인지는 명확하지 않다. '대강 그럴 것이다'라고 알고, 그렇게 행할 뿐이다. 인간의 역사가 그렇게 많이 흘렀는데도 '역할에 대한 바른 규정이 있기는 한 걸까?' 하는 의심이 든다.

흔히 우리가 접하는 것은 유교에 의한 윤리관에서 나오는 역할이다. 그것은 신분 질서에 맞는 복종 관계에 초점이 맞춰져 있다. 신분에 맞는 분수를 지키는 것으로 요약된다.

그러나 시대는 변했다. 유교는 개인의 수양과 자기 관리에 적합한 교리를 가지고 있다. 개인 차원에서 보면 아주 좋다. 자신 내면에서 일어나는 여러 가지 갈등 요소를 어떻게 정리하여 단아한 모습으로 표현할 것인가에 대한 것을 인간의 좋은 품성을 상징하는 仁義禮智(인의예지) 등으로 잘 집약해 놓았다.

하지만 내면을 떠난 세상과의 교류에 있어서 객관적 기준으로 보기에는 너무 모호하다. 자기 관리에 있어서 좋은 이론이 국가에 적용했을 때 많은 오류가 발생한 이유일 것이다. 이것이 진시황이 나라를 건설할 때 유가를 택하지 않고 법가 사상으로 국가의 질서를 잡은 이유이기도 하다.

내면이 아닌 밖의 문제는 그 기준이 명확해야 한다. 가정도 이미 나 밖의 문제다. 가정 안에서 역할이 어떤 방식으로 행해져야 한다는 구체화 논의가 있어야 한다. 가정이 가정답지 못하게 변하는 것은 이런 역할에 대한 규정이 정확하지 않는 데서 오는 것이 아닌가 한다.

역할을 중심으로 한 삶의 공동체가 연기(緣起)다. 어떤 역할이 없이 조직체는 만들어지지 않는다. 나 밖의 세상과 어떤 관계를 맺을 때, 그 역할을 기준으로 판단을 내려야 한다. 어떤 조직체든 어떤 역할이 있고, 공통의 역할들을 분별해 낼 수 있다. 그런 역할들에 대한 어떤 기준들을 만들어 보자는 것이다. 그렇게 함으로써 오류에 대한 시정 작업이 가능해지지 않을까.

공기의 열 정도를 기준을 정하여 기온이라는 것으로 측정하여 그에 맞는 생활 방식을 선택하듯, 역할도 그 기준을 합의에 의해 정해 그에 맞는 바람직한 행동 방식을 결정하면, 불필요한 감정의 낭비가 생기지는 않을 것이다.

'가정'이란 조직을 만들기 위해 결혼을 한다. 결혼을 하기 위한 전제 조건은 기본이 사랑이다. 요즘은 '사랑이 밥 먹여 주냐, 결혼은 현실이다'며 속내를 드러낸다.

맞는 말이다. 결혼은 현실이며, 사회의 구성 요소로서의 기능이 있다. 그 기본 요소를 구성하는 데 사랑이란 두리뭉실한 기준이 과연 합당한 것이냐에 대해서는 우리가 다시 한 번 생각해 봐야 한다. 굳이 사랑이란 기준을 가지고 가려면, 먼저 '사랑'의 정의를 명확히 할 필요가 있다.

무엇을 사랑이라 볼 것인가? 단순한 호감인가, 아님 육체적 끌림인가, 이유 없는 매달림인가, 아니면 이념의 공유인가. 다양한 사랑의 정의가 가능하다.

　가정을 '자손의 생산이나 편안한 성생활'이란 점에 중점을 둘 때, 육체적 끌림이란 사랑이 중요한 기준이 될 수도 있다. 하지만 요즘에는 자손의 생산보다는 다른 것에 가치를 두는 경향이 많다. 따라서 결혼의 기준도 다시 설정해야 할 것이라 생각이 든다.

　우선 '내가 꿈꾸는 가정은 어떤 것인가?'부터 정해야 할 것이다. 그리고 그에 맞는 배우자를 선택해야 하고 거기에 적합한 형태의 사랑에 대한 정의가 필요하다. 그 기준을 선택하는 데 있어서 고려해야 하는 것이 바로 역할이다.

　나는 상대방이 어떤 역할을 해줄 것을 기대하는가를 먼저 명확히 정해야 한다. 그리고 상대방이 그런 역할을 해낼 자질과 능력이 있는가를 평가하고, 그것에 대한 합의가 이루어져야 한다. 그래야 가정을 구성했을 때, 기대 역할과 실제로 행해지는 역할과의 차이로 인한 갈등이 최소화될 것이며, 바르게 고칠 수 있는 기준도 마련하게 되는 것이다.

가정도 엄연한 조직체이다. 또 생산이 이루어지고 그 생산의 결과로 우리의 역사를 이어 가게 되는 아주 중요한 조직체이다. 이러한 조직체를 구성함에 있어서 모호하고 변할 수 있는 감정인 '지금까지의 사랑'이란 기준만으로, 행복할 것이라는 막연한 기대 심리로 한다는 것은, 잘못일 수 있다는 것이 이미 통계 숫자로 나와 있고 그에 따른 경제적·사회적 비용은 어마어마하다.

이렇게 현실이 결혼을 결정하는 방식이 틀렸다는 것을 보여 주는 데도 같은 방식을 유지한다는 것은 어리석은 것이 아닐까. 이제는 좀 더 명확한 정의의 사랑이나 혹은 사랑이 아닌 다른 기준을 고려해야 할 시점에 온 것이다.

가정의 기본 요소는 아버지, 어머니, 자식이다. 각각의 가정의 성격에 따라 각 요소의 역할 성격이 결정될 것이다.

부모와 자식은 전통적으로 '천륜'이라 하며, '효'를 기본으로 한 관계다. 그런데 지금까지 효의 양태가 과연 진정한 효인가는 생각해 봐야 할 것이다. 효의 사전적 의미는 '부모에 복종하고 부양하며 섬기는 것'이라 나와 있다. 효의 주체는 자식이다. 그 어디에도 부모의 도리에 대한 언급은 없다.

과연 자신의 종이 되라고 자식을 키우는 부모가 있을까. 그런 효가 바람직한 부모 자식의 관계라면, 지금의 관점에서 보면 좀 우습다는 생각이 든다. 농경시대에나 적합한 윤리다. 시대가 변하면 새로운 기준이 나와야 한다. 과거의 기준을 계속 쓰다 보면, 갈등이 생기는 것은 당연하다.

자식을 키우는 것은 자식이 가족 안에서보다는 사회 속에서 자기의 역할을 다하도록 도와주는 방향으로 설정되어야 한다. 과거 대가족 시대에서는 가족 내의 역할이 중요했다. 왜냐하면 대부분의 경제 사회 활동이 가족 단위에서 이루어졌기 때문이다.

그러나 지금은 가족 내에서의 역할보다는 사회에서의 역할이 더 중요한 시대다. 규모도 가족은 점점 작아져 핵가족화 되었고, 사회는 갈수록 더 커지고 복잡해진다. 앞으로는 가족 안의 대부분 것들이 사회화할 수도 있다. 사회화한다는 것은 그 문제를 개인의 문제가 아닌 공동의 문제로 다루어야 한다는 것을 뜻한다.

육아의 문제를 보자. 옛날에는 출산과 육아의 전 과정이 가족의 틀 안에서 이루어졌다. 지금은 그러한 육아의 과정은 상상할 수도 없으며, 가정에서 행해지는 것조차 힘겨워 한다.

우리나라는 급격한 사회 변화를 겪으면서, 가정교육의 단절을 가져왔다. 우리 전통적인 지식과 행위 방식들이 그 가치를 인정받지 못하고 학교를 통해 전혀 새로운 서양 지식들을 배우게 된 것이다.

따라서 부모 세대의 지식과 경험의 단절과 함께 육아가 기혼 여성에게 가장 힘든 일이 되어 버렸다. 기본적으로 육아를 어떻게 해야 할지, 그 방법을 모른다. 육아에 대한 지식을 전해 받는 것이 아니라 새로 배워야 하는 것이다. 앞으로 그 어려움은 더 할 것이다. 그리고 사회일과 육아의 병행은 더욱더 여성에게 힘든 일이 될 것이고, 계속 사회 문제와 비용을 요구할 것이다.

사회는 변한다. 부모가 활동하는 사회와 자식이 활동해야 하는 사회는 분명 다를 것이다. 변하는 속도가 급속해진 환경 속에서 부모 혼자 자식이 생활하는 사회를 예견해 그에 맞는 교육을 시킨다는 것은 어려운 일이다. 즉, 자식에게 해 줘야 할 부모 역할의 무게가 너무 무겁다.

이 시점에서 출산, 육아와 교육에 대한 생각을 달리 해 봄이 어떨까 한다. 이 두 가지를 사회화하여, 공동 육아와 공동 교육의 틀을 만들어 봐도 좋을 것 같다. 지금의 교육은 학생들에게 나름대로의 사회를 접할 기회를 주지 못한다.

옛날에는 '골목'이라는 곳에서 아이들은 놀이를 통한 그들만의 사회를 접함으로써 공동의 것들을 행할 수 있었다. 따라서 공동 육아를 하게 되면, 같은 또래와 많이 접하면서 형제라는 느낌을 가질 수도 있을 것이다. 뭔가 같이 한다는 그들만의 어떤 역할로 공동체의식도 형성될 수 있을 것이란 생각도 든다.

이처럼 사회화하여 공동으로 일을 처리하게 되면, 그 비용이 소비가 아닌 자본의 형태로 변하여 생산적인 일을 할 수 있다. 즉, 개인의 손으로 흩어져 버리는 것이 아니고 공동의 장소라는 형태로, 처리할 수 있는 시스템의 형태로 또 그것을 운영하는 인적 자원의 형태로 나아가 처리된 여러 자료의 형태로, 자본이 되는 것이다. 나아가 이 행위의 모든 것이 인류의 자산이 될 수 있는 것이다.

가정이든 사회든 자기의 역할에 대한 바른 인식이 우선이다. 사회 부조리의 근간은 그 자리에서 자기가 무엇을 해야 하는지를 모르고 그저 먹고살기 위한 수단으로 생각하는 데 있는 것이 아닐까 한다.

사회가 잘 유지되기 위해서는 자기 자리에서 자기 역할에 대한 명확한 인식과 자기 역할을 제대로 해야 한다는 사명감이 자리 잡고 있어야 한다고 생각한다. 그래야 그 사회가 뿌리를 내리고 성장할 수 있는 것이다.

현모양처, 자상한 아빠, 덕 있는 군주 등 두리뭉실하고 모호한 기준 말고, 오류를 검색할 수 있는 객관적이고 명확한 기준을 도출하는 노력을 해야 한다고 본다. 그래야 확실한 자기 역할의 범위를 설정할 수 있는 것이다.

역할을 한다는 것은 관계를 맺는다는 것이다. 이 관계는 일방적이지 않고, 항상 주고받아야 한다. 그것이 어떤 형태든, 주고받는 것은 자연의 법칙과 같다.

그래야 전체 총량은 변하지 않고 질서가 형성된다. 받기만 하고 주지 않으려는 심리적 선호가 인간관계를 왜곡시키며, 자신에게도 결코 좋은 결과를 갖다 주지 않는다.

무조건 주기만 하는 것도 마찬가지다. 종교적 영향으로 주는 것에 대해 좋게 생각하는 경향이 있고 가진 자는 주는 것이 당연하다는 생각도 있지만, 과연 옳은 것일지는 생각해 봐야 할 것이다.

천부경
기본 한 생각

(5) 나로 돌아가자

나로 돌아오자. 내 삶의 목적이 '앎의 추구'에 있다고 말했다. 내가 추구하는 앎은 앎 자체로 끝나는 것이 아니다. 그 앎은 항상 내가 직면하는 여러 문제를 풀기 위해 축적하는 것으로, 그 어떤 문제를 바르게 풀어 낼 때 우리는 그 앎을 '지혜'라 바꿔 말한다.

어떤 이는 이 지혜를 독립적인 어떤 것으로 보고, 지혜만을 추구한다. 깨달으면 지혜가 바로 솟구치는 것처럼 생각한다. 깨달음 그 자체를 지혜와 동일시하는 사람도 있다. 사실 '깨달음'이라는 말은 아는 것의 다른 표현이다.

'깨달음' 하면 왠지 거창한 어떤 것인 것 같고, 아는 것은 그냥 작은 것으로 여기는데, 나는 깨달음과 아는 것을 같은 것으로 본다. 하루하루 알아 가는 작은 앎이 쌓여 지식이 되고, 그 쌓인 지식이 어느 양이 되면 힘이 되는 것이다.

사람이 적재적소에 쓰이면 인재가 되듯, 그 앎이 적재적소에 쓰이면 지혜가 되는 것이다. 차별을 위한 분별은 힘의 낭비인 것처럼 느껴진다.

'나'는 天地人의 합일체라 했다. 그중에 地, 즉 몸을 통해 정보를 입수한다. 내 몸은 접하는 외부 세계로부터 실시간으로 정보를 수집에 저장한다.

내 몸은 현재를 산다. 識인 人은 축적된 정보를 가지고 분별하여 판단한다. 人이 향하는 것은 항상 이미 축적된 과거이다. 결국 우리가 보고 판단하는 세계는 과거인 것이다. 이 괴리를 天이 조정한다.

그 天은 다시 地의 변화 방향을 제시한다. 天은 미래이며, 미래는 새로운 시작이다. 이를 순환 과정이라 말할 수 있지만, 그 시차는 미미하다. 거의 동시에 작동된다 해도 틀린 말이 아닐 것이다.

더 작은 세계에선 직선적 흐름일 수 있으나 우리가 느끼는 세계에선 원융한 흐름이다. 즉, 현재·과거·미래가 거의 동시라 해도 별 무리는 없을 하나의 시점, 현재라 인식하고 살고 있다. 그러면서 우리보다 더 큰 세계에서 하나의 시점으로 인식하는 것을 우리는 세 개의 시점으로 나누어 인식하고 있는 것이다.

따라서 내 생각과 내 몸은 항상 시간차가 존재함을 알아야 한다. 즉 몸은 실시간을 반영하지만 생각은 과거의 몸을 기준으로 판단하기 때문에 항상 오류가 발생할 가능성이 있다는 점이다.

하여 궁극의 수행 목적은 '오류를 어떻게 시정하느냐'일 수 있다. 직관적 판단은 그 오류의 시차를 가장 작게 한 판단 방식이다.

'번뇌'라는 말에는 가치 판단이 들어 있다. 나에게 일어나는 여러 가지 상태 중에 마음에 들지 않는 것, 나에게 도움이 되지 않을 것, 바람직하다고 생각되지 않는 것들을 말한다. 그래서 그것을 없애야 한다고 한다.

만일 이러한 가치 판단을 없애면, 번뇌는 그냥 나에게 일어나는 어떤 상태다. 그것은 어떤 욕망일 수 있고, 성냄일 수도 있고, 사랑일 수도 있다. 그것은 그냥 단지 나의 상태를 말해주는 것뿐이다. 거기에다 뭐라고 토를 단다는 자체가 나로서는 '집착' 같다.

바람[風]에도 종류가 있다. 그중에서 피해를 주는 태풍이 밉다고, 그것을 없애려고 하는 것이 과연 바른 것일까.

우리는 결과에만 유독 신경을 쓰는 경향이 있다. 그 결과가 싫다면 그 결과를 만든 원인을 없애야지, 그 결과만을 없애려 한다는 것은 누가 봐도 어리석은 일이다. 하지만 그런 어리석은 짓을 우리는 온 힘을 다해 행하고 있다. 일어나는 일은 반드시 그럴 만한 이유가 있기 때문에 일어나는 것이다.

우리는 일어나는 일의 일정한 형태를 파악할 필요가 있다. 몸이 어떠할 때 어떤 반응을 보이고 어떤 상태가 되는가를 유형화해 놓으면, 시차를 줄이고 직관적 판단을 할 수 있는 길을 확보할 수 있다.

직관적 판단은 앎이 축적된 상태에서 그 앎이 범주화되고 유형화되었을 때 가능하다. 그러기 위해서는 앎 그 자체에는 어떤 가치 판단도 개입되어서는 안 된다. 단지 그 앎을 사용할 때는 여러 판단 기준이 선행되어야 할 것이다.

'가치'는 개인적 선호를 나타내는 것으로, 그것은 '있는 것에 대한 평가로 치우침'이다. 여기서 치우침은 올바른 앎이 아니다. 바르지 못한 앎으로 바른 판단은 나올 수 없다.

어떤 상태를 번뇌라 느끼는 것은 바람직한 상태가 아니다. 바람직하지 않다는 것은 나의 조직체인 天地人 간의 소통이 잘못됐든 어쨌든, 상호간의 어떤 오류가 잠시 발생한 것이다. 그땐 자신을 점검하여 자신의 잘못을 찾아 고치면 된다.

번뇌라는 것을 괴로움의 형태로 과장하지 말자. 내가 괴로움을 느끼는 것은 나의 잘못이지, 세상 탓이 아니다. 이 세상은 괴로운 것이니 빨리 벗어나는 것이 상책이라 배웠다. 그래서 그토록 깨달음을 갈망했는지 모른다.

존재하는 것은 분명 이유가 있다. 세상은 세상일 뿐이고, 그곳에 괴로움만 있는 것은 아니다. 그곳에서 무엇을 느끼는 것은 '나'이지, 세상은 아니다. 즉, 괴로움의 주체는 세상이 아니고 '나'이다.

문제는 '나'인 것이다. 세상에서 내가 바르게 하면 내가 원하는 세상이 될 것이고, 그렇지 않다면 원하지 않는 세상이 펼쳐질 것이다. 그러므로 내가 원하는 세상을 바란다면, 먼저 바르게 하라. 몸이 주는 정보를 人이 바르게 인식하여 바르게 대할 때 바른 하늘이 드러날 것이고, 나아가 天地人이 하나 될 것이다.

자신을 바르게 하는 데 꼭 한 가지 방식만을 고집할 필요가 있을까? 유교적 덕목, 불교, 기독교의 교리 그 밖의 철학들 모두가 나의 점검 도구들이다. 그러므로 이 모든 것을 나의 성장의 밑거름으로 활용해야 할 것이다.

다양한 방법으로 자신을 갖춘 후에는 다른 사람과 공유할 수 있는 하나의 방식으로 다른 사람과 다시 하나가 될 수 있을 것이다. 나의 방식만이 아니고 다른 사람 방식만이 아닌, 합의한 하나의 방식으로 서로를 성장시켜 나가야 할 것이다.

지금까지 우리에게 많은 철학적 사유 방식이 있었다. 그것을 통해 우리의 문제를 풀었다 해도, 아직 뭔가 부족한 것은 사실이다.

앎을 추구하는 삶, 그리고 그 너머의 삶.

뭔가 끊임없이 이어지는 삶 속에 남는 것은 무엇일까.

本!

常樂 我淨!

맺음말

나는 이 글을 별로 짜임새 있게 쓰려 노력하지 않았다.

그 이유는 이런 생각이 옳다고 주장하는 것이 아니고, 이렇게 생각해 보는 것이 어떠하냐는 권유의 글이기에, 스스로 완성하고 싶지 않았기 때문이다. 그래서 이렇게 생각하는 방식이 삶의 문제를 푸는 데 도움이 된다면, 그 구현은 같이해야지 혼자 할 수는 없다고 생각했다.

어떤 일을 완성시키기 위해서는 협력이 필요하다. 서로에게 거울이 되어 잘못된 점은 고치고 부족한 점이 있다면 서로 보완하여, 좀 더 좋은 세상, 모두가 행복한 세상을 같이 만들어 가고 싶다.

이제 남의 것이 아닌
우리 이야기를 하고 싶다.

초판 1쇄 인쇄일 2014년 10월 30일
초판 1쇄 발행일 2014년 11월 03일

지은이 박정순
펴낸이 김양수
편집디자인 도서출판 맑은샘

펴낸곳 도서출판 맑은샘

출판등록 제2012-000035
주소 경기도 고양시 일산서구 중앙로 1456(주엽동) 서현프라자 604호
대표전화 031.906.5006 팩스 031.906.5079
이메일 okbook1234@naver.com
홈페이지 www.booksam.co.kr

ISBN 978-89-98374-91-4 (03100)

「이 도서의 국립중앙도서관 출판시도서목록(CIP)은 서지정보유통지
원 시스템 홈페이지(http://seoji.nl.go.kr)와 국가자료공동목록시스템
(http://www.nl.go.kr/kolisnet)에서 이용하실 수 있습니다.(CIP제
어번호: CIP2014031296)」